BRIDGING
ブリッジング
── 創造的チームの仕事術 ──

日経BP社

はじめに

A市の担当者がトーン＆マターのオフィスを訪ねてきた。地元の人と観光客が自然に交流し合う複合施設を、市と民間企業の「公民連携」でつくりたい。単なる施設のプロデュースではなく、衰退傾向にある周辺地域を活性化させるエリアマネジメントとして、プロジェクト全体のデザインを僕らにやってもらいたい、という依頼だった。

（数カ月後）
A市のメンバーとのプロジェクト自体の進め方の確認や、現状の課題の共有などに時間がかかったけど、ディスカッションを重ねることで、プロジェクトのヴィジョン、ミッション、コンセプトが固まった。話し合いを通じて、だいたいのクリエイターのキャスティングはもうできている。

（3週間後）
建築家とグラフィックデザイナーにこのプロジェクトのヴィジョンとミッションを伝え、お互いに納得できるフィーまで決めることができた。デザイナーたちもプロジェクトの意義に触発されて、おそろしく乗り気だ。すごいアイデアが出てきそうだ。課題はコストだけど、一緒に調整していけるだろう。

（数カ月後）
ワークショップを重ねて、地域住民、運営者、エリアマネジメント組織、街の関係者などすべてのメンバーとプロジェクトのミッションを握り合うことができた。テナントもコンセプトにばっちり合っている。みんなが想定外のアイデアやプランを提案してくる。刺激的なプロジェクトだが、ヴィジョンを見失うと空中分解しかねない。開業に向けてチームメンバーの役割を果たしてもらえるよう、課題を整理し進めなければ。

（2年後）
施設のオープンから1カ月が過ぎた。集客も収益も予想を大きく上回っているが、A市の人たちが初めに掲げた「地元の人と外の人との交流」が起こっているのがうれしい。僕らの知らないところで新しい協働も生まれ、すでに動き出しているそうだ。

僕らトーン&マターが手がけるプロジェクトはこんな大規模開発から、小さい施設のリノベーション、IT企業のユニークなワークプレイスから、公民連携のスキームの立案、エリアマネジメントの事業企画、果ては最高級豚肉の売り方まで、多岐にわたっています。

　ただ、どの仕事にも共通している要素がある。それはプロジェクトを進めるチームを組織の内部だけでなく、外部のクリエイターとのコラボレーションによるプロジェクトにすること。そのためにキャスティングも主導しプロジェクト全体をデザインすること。プロジェクトの使命や目標からコスト設計まで、あらゆることに関わらせてもらうこと。こうするほうが成功への近道だという確信があるからです。ちなみに、この本での「クリエイター」とはデザイナーなどに限定した人材でなく、プロジェクトやそのチームに創造性をもたらす才能ある個人全般を指します。

　これまでの組織とクリエイターとの関係は、一言でいえば「外注」に過ぎませんでした。デザインがうまい人に「外注」する、キャッチーなコピーをコピーライターに「外注」する。プロジェクトの骨子はすべて組織の内部で決まっていて、自分たちではできない「部分」を外に出す。これでうまく回る時代は、どうやら終わりを迎えつつあります。

　プロジェクトの意義を理解してくれるクリエイターと組織をつなぐこと、その間に橋を架け渡すことで、そのチームが提供するモノも場所も体験も、断然面白くなる。この本では、組織とクリ

エイターが本質的に組み合う場をつくることを「ブリッジング」と呼んでいます。

　誤解のないように先に言っておきたいのですが、組織とクリエイターを二項対立で考える必要は、本当はありません。同じようにビジネスとアートを分ける必要もなければ、テクノロジーとデザイン、ワークとライフ、本当はここに線を引く必要なんてありません。
　でも一般にそう線引きされ、そこに分断が起こっているなら、あえてその視点に立って線引きを無効化するようなやり方を提示したほうがいい。そこで便宜上、組織とクリエイターという２つに分けてそのつなぎ方を示すことにしました。

　大小の組織に関わって感じるのは、創造性のある仕事、新奇性のある仕事を志向する人ほど、力を発揮できないでいるということ。そんなもったいない状況を変えるためには、過去のやり方にとらわれがちな組織と、常に未来志向なクリエイターたちとをブリッジングすればいい。
　そのためには、ブリッジを堅固なものにするチームワークや、契約内容、お金の流れを、しっかりとデザインできる人が必要です。そんな人はいない？　ならば、ブリッジングの可能性に気づいた人がそんな存在になってしまえばいい。この本はまず、そう思ってくれる人に向けて書きました。

同時に、外部の力を真に必要としてくれる組織と一緒に仕事をしたい、そんなクリエイターの皆さんのための本でもあります。組む相手が求めているものを知り、かつ、自分のモチベーションを下げることなく能力を発揮するための方法も、この本から読み取れると思います。

　日本の多くの組織は硬直化し、創造性の獲得や変化への対応に苦しんでいるように見えます。
　またクリエイターが、その才能をビジネスに生かしきれているとも言いがたい。
　この現実を変えていくためのカギは、両者が手を組みコラボレーションしていくことだと僕は考えています。
　仕事の現場で創造性や新奇性を模索している方々が、この本で新しい働き方を見つけてくれればうれしく思います。

目次

序章　プロジェクトをデザインしよう >>> P13

◇ 「目には見えない部分」をデザインする >>> P14
- 成功体験に縛られた組織
- プロジェクトの定義

1章　クリエイターがもたらすもの
―― 組織に創造性を招くために >>> P27

1-1 「クリエイター」「クリエイティブ」とは？ >>> P30
- クリエイターはこだわりを仕事に込める
- クリエイティブという価値
- 日本が誇るあまたの才能を生かそう

1-2 なぜ「クリエイター」がプロジェクトに必要なのか？ >>> P35
- イノベーションはクリエイターありき
- 「餅は餅屋」に限る
- 組織の外へと橋を架ける

1-3 クリエイティブが稼ぎの柱になる >>> P40
- 無形の資産がものを言う
- 「見かけ」だけがクリエイティブじゃない
- クリエイティブはニーズにフォーカスする
- 無形の価値を信じ事業に変革をもたらす

1-4 ブリッジングプロジェクトの3つの効果 >>> P47

①プロセス──"共に学ぶ"効果
②コモンセンス──"常識"が入ってくる効果
③カルチャー──染み付いた"文化"を変える効果
- インハウスクリエイターこそブリッジパーソンとなれ

1-5 "クリエイター怖い"あるある >>> P55

- あり得ない金額の請求が来た！！
- 役員プレゼンなのにサンダル？
- まだアイデアが降りてきませんか……？
- こ、これは……いったい何ですか？！

1-6. あなた自身にもたらされる効果 >>> P60

- 組織と自分の仕事の関係を再定義
- 少しくらい組織内で浮いたっていい！

2章 マインドセットをデザインする
── プロジェクトのあるべき姿を考える >>> P65

2-1 何を目指すかを考え抜き、「言葉」にする >>> P68

- 動機が弱いと一丸になれない
- 言葉は強力な推進力をもつ

2-2 マインドセットの本質 >>> P71

- 第一に「ヴィジョン／ミッション／コンセプト」を

2-3 コンセプトの整理 >>> P74

- 「定義」をそろえる
- 共通のこだわりを探し出す

2-4 ヴィジョンのつくり方 >>> P79
- 現実から離れて「大きな絵」を描く
- 組織や市場における位置づけが大切
- 面白いかどうか、それが問題だ
- "近くて遠い人"がリトマス試験紙になる

2-5 ミッションのつくり方 >>> P85
- 具体的に数字で設定する
- ミッションを分解して道筋にする
- ヴィジョンとミッションのしびれるカクテル

2-6 プロジェクトをデザインするための3つの心得 >>> P92
① 「チームのデザイン」に取り組む前に
・好き嫌いに流されない
・やりやすさだけでなく、挑戦を共有する
② 「オーダーのデザイン」に取り組む前に
・「重要な情報」こそ外部と共有する
・与件を要件として整理する
③ 「マネーのデザイン」に取り組む前に
・クリエイティブを給与で換算しない
・時間はクリエイターの重要な資源

3章 チームをデザインする
── どう編成し、どう運営するか? >>> P107

3-1 「チーム編成」をデザインする(組織内) >>> P110
① チームのサイズは小さく始める
② 多様なチームメンバー
③ 未経験者の混在

3-2 組織の体制とチームの関係づくり >>> P117

- ●指示系統の外側に置く
- ●最終決裁者との距離を縮める
- ●よき理解者を増やしていく

3-3 「チーム運営」をデザインする >>> P125

①ファシリテーション
②マルチリーダーシップ
③コラボレーション環境

3-4 行き詰まりを解消するヒント >>> P134

①組織内外の視点や評価を活用する
②「証拠書類」を共有する
③賽を投げられた状態をつくる

4章 オーダーをデザインする
―― 何を、誰に、どのように依頼するのか? >>> P141

4-1 クリエイターに何を求めるのか >>> P144

①インハウスの領域も対象にする
②見えないもの・測れないものも対象にする
③経験のない業務も対象にする
●異なるジャンルの成功例から探る

4-2 イニシャルか、ランニングか >>> P154

4-3 どの「範囲」を頼むのか >>> P155

①業務内容のうち、どの範囲か
・組織とクリエイターの線引き

・プロセスでの線引き
・予算での線引き
②時間軸のうち、どの範囲か

4-4 誰に頼むのか >>> P162

①パートナーの探し方
・専門誌やクリエイターファイルなどのメディアから探し出す
・ビジネスの成功事例、ヒット作から探し出す
・複数候補へのヒアリングから探し出す
・著名なクリエイターから探し出す
・コンペで探し出す
②依頼先の確定に向けて

4-5 どのように頼むのか >>> P170

（1）モチベーションの視点
・クリエイターの次の挑戦として
・クリエイター間のコラボレーションとして
・ソーシャルな活動として
（2）インセンティブの視点
・事業性に関わる情報の共有
・長期的なブランディングのなかでの共有
・成果を共有する契約
・リスクの共有を前提とするオプション

4-6 依頼におけるプロジェクトデザイナーの役割 >>> P180

5章 マネーのデザイン
──お金の稼ぎ方、かけ方 >>> P185

5-1 「お金の稼ぎ方」を広げよう >>> P188

①「パーソナライズ」に向き合う
　　②「リスク」に向き合う
　　③稼ぐ／稼がない、その線引きを疑う
　　・稼がない「公共」が変わってきた
　　・地域のプレイヤーが台頭してきた
　　・そして稼がない「者」が稼ぐ時代に

5-2 「お金のかけ方」のデザイン >>> P204

　　①予算配分の点検
　　②アウトプットの評価の点検
　　③コミュニケーションロスの点検

5-3　そして、まだ物語は続く >>> P213

―

本書では、BRIDGING PROJECT_CASEとして、
トーン＆マターもしくは著者が携わったプロジェクトを
参考事例として掲載しています。

序章

プロジェクトをデザインしよう

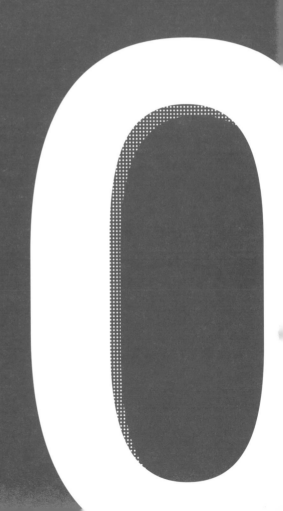

◇「目には見えない部分」をデザインする

　僕らのふだんの仕事の流れ、その一端を「はじめに」で紹介しましたが、「これはいったい何という仕事なんだ？」と疑問に思われた方も多いと思います。

　かいつまんで言えば「企画業」。もう少し理解が得られそうな場合、最近は「プロジェクトデザイン」と説明しています。

　ビジネスとしての創造性、新奇性、そして収益性。これらを実現するために、プロジェクトの全体をコンサルティングする、それが僕らの仕事です。

　そう自己紹介しても、なかなか理解はしてもらえません。

「会社としての事業は、企画だけなんですか？」

　「企画」を顧客に提供する会社は数多くあります。イベント会社も「企画業」ですし、商業店舗の運営や建物の設計も「企画」。不動産の仲介やITインフラのサービスで主な稼ぎをつくり、それらの事業で培ったノウハウを提供する「企画」を行う会社もあります。そういう会社と僕らの違いは、企画以外の仕事では稼がないって決めていること。

　理解されにくいのは、そんなちょっとした「こだわり」のせいなのかもしれません。

　僕らの提供する価値には、目に見える部分と見えない部分があります。

トーン&マターの提供するアウトプット

商品や空間、サービスなど、プロジェクトのアウトプットの価値を、デザインなどのクリエイティブの力で向上させること。これらは目に見える部分。この部分の価値は、クライアントの求めるニーズもはっきりしているので、ニーズに最適な建築家やデザイナーなどの「クリエイター」との間を僕らがつなぎます。

　でも、空間やサービスなど、こうした目に見える部分は、僕らが提供する価値の一部でしかありません。

　クライアント自身が何を目指しているのか、何が必要なのかはっきりしていないことも多く、依頼内容もあいまいになりがち。これらは目に見えない部分。

　後者の目に見えない部分にこそ、僕らが提供している価値の大部分があります。プロジェクトのヴィジョンとミッション、そしてプロジェクトの強烈な個性となるコンセプトの立案。事業構想そのものにゼロから関わることもありますし、新規事業の進め方や仕組み、型をつくることもあります。チームの人選や、会議の運営などもこの「目に見えない部分」に入ります。

　そう、つまりプロジェクト自体をデザインする仕事。最近は「企画」よりも「プロジェクトデザイン」を標榜しているのは、こういった目に見えない部分の仕事の比重がどんどん増しているからです。

　僕らが提供するアウトプットを視覚化したのが、前ページで掲げた図です。

　今年でこの会社も10年目。毎年、たくさんのプロジェクトがゴールを迎え、そして新規プロジェクトが動き出します。

でも、「目に見えない部分」を扱う仕事で、なぜここまでやってくることができたのか？

　その答えは簡単。依頼してくれる企業や行政など、顧客の皆さんがいてくれたから。幸せ者です。

　もちろん与えられた課題には真摯に向き合ってきましたし、ずいぶんと汗もかいてアイデアを出し、プロジェクトを形にしてきたという自負はあります。うれしいことに、新規依頼のほとんどが、過去の顧客やその関係からのご紹介です。

　でも、僕らの仕事の評価以前にあるシンプルな事実は、「組織側にニーズがある」ということ。なぜ僕らのクライアントは自分たちだけでプロジェクトを完結させずに、僕らに声をかけてくれるのでしょうか？

　それは、日本型の組織が変化への対応や、創造性の発揮が苦手だからだと考えています。

　その理由を探るために、少し立ち戻って日本の組織が抱えている課題を再認識してみましょう。

● **成功体験に縛られた組織**

　戦後の経済的な成長を、同じモノやサービスを安定して生み出すことに長けた日本型組織が大いに支えてきたことに、誰も異論はないでしょう。焼け野原の混乱を脱し、多くの人が仕事に就き家族を養うことができたのは、この強みがあったからです。

　この過程で、創造性よりも定型化、変化よりも安定させること

を得意とする組織力が形成されていきました。もちろん井深大さんや本田宗一郎さんが、定型的で安定的な仕事をしていたとは思いません。でも、彼らのもつ創造性を定型に落とし込み、品質をコントロールすることで市場を開拓し成長してきたのは事実です。

しかし今、培ってきたやり方だけでは乗り越えられない変化の波がいくつも押し寄せています。

人口減、グローバル化、あるいは人工知能の台頭。いずれも決して無視できない大きな市場の変化をもたらしています。

同時に、モノより体験、地方への関心、表現の場を求めた海外への移住など、個々人の価値観の変化も進んでいるように思います。

その変化は明らかに、企業や行政などの組織に、創造性や新奇性の獲得を迫っています。また、従業員に対して、個性を発揮させ成長させる新しい働き方が求められています。

「これからは新規事業にフォーカスしていく。ふむ……。さて、何から始めようか……。まずは今の業務の棚卸しと分析から始めるというのはどうだろう」

「課長、今までにない新規事業についてのベンチマーク集をまとめてまいりました」

悲劇的です。でも、こんな言葉が職場にあふれているのが現実です。

過去の経験や仕事の型は、限定的な情報や基準のみで判断や決断を迫ります。「同じ釜の飯」を重んじる文化が育んだ、"非"多

改めて必要となった「変化」と「創造」

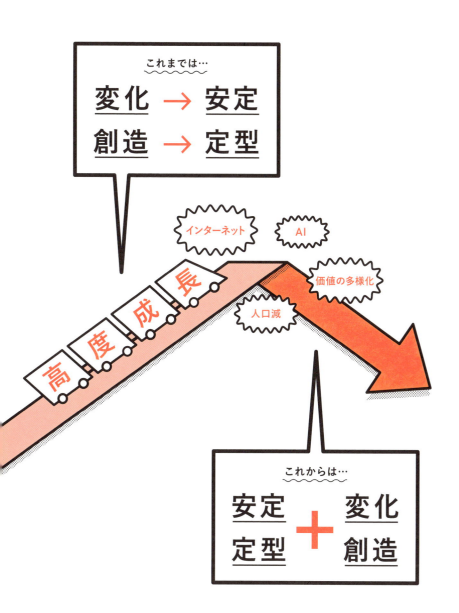

様性も大きな弊害でしょう。おじさんだらけの会議室で、女性をターゲットにした企画を検討するなんて、悪夢としか言いようがない。そういうことに違和感をもてなくなったら非常事態です。

　変化は必要。でも組織内のメンバーだけで、進めるのは難しい。特に、成功体験の大きい旧来の日本型の組織や安定的な組織こそ。
　個人的な心象で言うのは少し乱暴かもしれません。でも、新しい事業という不確定で困難な挑戦では、経験がときに邪魔をする。そういう場面に何度も遭遇してきました。
　ではどうするのか。

　僕の主張は、シンプルです。外部から創造性を取り込めばいい。そのためには、過去を踏襲する定型の業務ではなく、一つひとつの事業に最適化したプロジェクト型の業務にしなければならない。これこそが、日本型組織が課題を乗り越え、成功に近づく最短距離のアプローチだと考えています。

● **プロジェクトの定義**

　まず、安定的な仕事に変化をもたらすプロジェクト型の仕事のやり方について考えていきます。そもそも「プロジェクト」とは何か？ 仕事を「プロジェクト」と表現する意味はどこにあるのか？ みんなが当たり前に使っている言葉ですが、実のところ、ほとんど本来の意味は失われてしまっています。

商品開発や施設建設などのモノづくり、あるいは新規事業や経営改革といった特殊任務。もちろん、それらは間違いなくプロジェクトです。でも日々の業務改善とか、新しい働き方の制度設計、営利組織のソーシャルな活動など、「プロジェクト化」させれば効率よく推進できるテーマはたくさん転がっています。

　反対に、定型のマニュアルがある場合はプロジェクトとは呼べません。売上がどれだけ大きくても、話題性が高くても、既存の方法を踏襲してできるものは「プロジェクト」ではないのです。

　僕が考えるプロジェクトの定義は、以下の条件を満たしていることです。

○新奇性があり　　　　　明確な目的、目標がある
○いつからいつまでと　　明確な期限がある
○関わる人がそれぞれに　明確な責任をもつ

　共通するのは「明確さ」です。上に挙げた条件が明文化され明示できないなら、それは今までのルーティンワークの延長であってプロジェクトではない。
　一方で、無駄な稟議書を「今年度中」に「業務改善チームの責任」で「完全に撤廃」するといった明確な仕事は、バックオフィスの仕事であっても立派な「プロジェクト」です。

　何のためにその仕事をするのか？　それが「目的」です。最終的に成し遂げる意義とも言い換えることができ、この本ではそれ

を「ヴィジョン」と呼んでいます。

「目標」とは、目的を実現するために必要な、到達すべき状態。この本では「ミッション」としています。

ヴィジョン／ミッションについては第2章で詳しく解説していきますが、この2つが明確でない仕事は、クリエイティブかどうかはさておき、チームのメンバーのモチベーションを維持することが困難です。

「期限」の明確でない仕事は、決断も実行もどんどん遅らせることができるので、関わる人の能力やスキルを開花させる機会をも失わせます。もちろん、成果も乏しくなりがち。実現不可能な期限設定もいけませんが、期限はメンバーで共有している状態が望ましい。

そして最も大事なのが関わる人の「責任感」。ただそこにいるだけ、言われたことをやるだけの仕事にしないためには、メンバーの責任を明らかにする必要があります。中心となる人が重責を担うことはもちろん、各自にも小さな責任が割り振られ、使命感をもって臨むのがプロジェクトのあるべき姿です。

この3つの明確さがないと、変化に対応できないと考えています。大きな変化の前で、目的、目標がないとメンバーはバラバラになり、期限がなければ先送りが起こり、責任感がなければ解決案は出てこないでしょう。

ブリッジングとは、この変化に対応できるプロジェクトに創造性を掛け合わせること。創造性とは「アイデア」や「デザイン」など、今まさに、組織が手に入れたいものです。

プロジェクトは「3つの明確さ」で生まれる

ブリッジングの効果は、プロジェクトの「明確さ」に新たな「アイデア」や「デザイン」を掛け合わせることにあります。そのことが働き方を変えたり、コミュニケーションを活性化させるかもしれない。創造性がもたらす新たな価値とは、すなわちこういったものなのです。

　冒頭で挙げたトーン＆マターの提供する価値を、この本の構成と重ね合わせてみました（右ページ）。
　第1章では、あなたがプロジェクトで手を組むクリエイターと呼ばれる人たちの定義から、彼ら彼女らがもたらす創造性が事業にどう作用するのか整理していきます。また、ブリッジングプロジェクトの効果を明らかにしつつ、新しい働き方をイメージしていきます。
　第2章では、プロジェクトに関わるメンバーのマインドセットのデザインを説明します。ヴィジョン／ミッションや、プロジェクトのコンセプトついて、かなり詳しく語っています。ここは僕らがプロジェクトに関わる際にもかなり時間をかけるプロセスで、いかんせん概念的なので読んでいても苦しさを感じるかもしれません、でも、ここでの苦労がプロジェクトを実行していくための原動力となり、羅針盤になるはずです。
　第3〜5章はいわば実践編です。第3章ではチームの編成と運営について、つまり「ヒト」のデザインを解説します。この章の内容はオーダー、つまり「モノ」のデザインを論じた第4章と密接に絡み合います。プロセスの順序も同時だったりあるいは循環することもあります。第5章はマネーのデザイン、つまりプロ

本書の構成

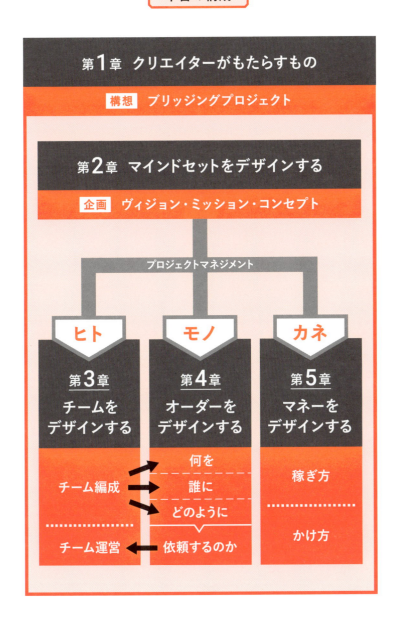

ジェクトのどこに「おカネ」をかけ、どこでどうやって「おカネ」を稼ぐのかの設計を解説しています。

　第1章で「構想」し、第2章で「企画」したプロジェクトを、第3〜5章で「マネジメント」し実現する、と考えていただければいいでしょう。

　それではさっそく、これまでの働き方を見つめ直し、新しいプロジェクトをつくる準備に取りかかりましょう。型がなく新しい仕事を進めるのは大変です。もしかしたら、途中で自信をもてなくなるかもしれません。でも最後はプロジェクトの素晴らしい成功がきっと待ち受けています。新しくて、クリエイティブで、ワクワクする仕事の成果として。

第 1 章

クリエイターがもたらすもの
―― 組織に創造性を招くために

これまでのやり方を変えず、コツコツ真面目にやっていけば、今後も市場で勝負していける。そういう会社もきっとあるでしょう。でも、僕らがふだん一緒に仕事をご一緒している組織の人たちは、そうは考えていません。

　日本型の企業や行政などの組織に属しながら、創造性や新奇性に富んだことに挑戦したいと思っている人はたくさんいます。でも新しい価値は、今までと同じ働き方からは生まれません。それはみんなが何となく気づいている。それなのに、多くのプロジェクトはその感覚を無視して進んでしまう。新しい価値を目指すプロジェクトなら、これまでの働き方を疑うべきです。

　とはいっても、組織を敵に回して人生を賭けた大勝負に出るべきだなんて言っているわけじゃない。企業や行政に属さないとできない仕事があり、そこには大きな可能性がある。組織のチカラを最大限に引き出す働き方で創造性や新奇性を招き入れればよいのです。僕はその最も効果的な方法がクリエイターとコラボレーションするブリッジングプロジェクトの導入だと考えています。

　では、そもそもクリエイターってどんな人たちなのか？　本当にうまくやっていけるのか？　ビジネスとしてどんな効果があるのか？　組織とクリエイターとをブリッジングすると具体的にどんなメリットがあるんだろう？　この章では、あなたがブリッジパーソン（組織内と外部の人材の架け橋）となるために大切な考え方を解説していきます。

第1章 クリエイターがもたらすもの

構想 ブリッジングプロジェクト

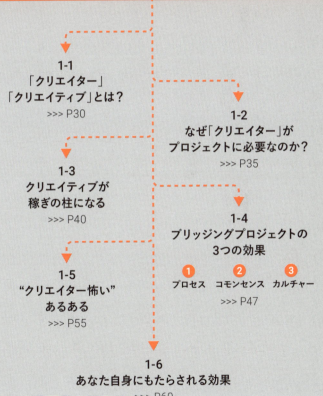

1-1
「クリエイター」
「クリエイティブ」とは？
>>> P30

1-2
なぜ「クリエイター」が
プロジェクトに必要なのか？
>>> P35

1-3
クリエイティブが
稼ぎの柱になる
>>> P40

1-4
ブリッジングプロジェクトの
3つの効果

❶ プロセス　❷ コモンセンス　❸ カルチャー
>>> P47

1-5
"クリエイター怖い"
あるある
>>> P55

1-6
あなた自身にもたらされる効果
>>> P60

1-1 「クリエイター」「クリエイティブ」とは？

　と、ここまで定義もなしに「クリエイター」という表現を使ってきましたが、この本での「クリエイター」という言葉が指しているのは、デザイナーやアーティストに限りません。

● **クリエイターはこだわりを仕事に込める**

　料理人だって植木職人だって、その道を突き詰めればクリエイターだというのが僕の考えです。才能のある個人。脳みそや手を介して、ほかに代わりのない価値をつくり上げる人──と定義できるかもしれません。代わりのない価値とは、デザインだったりレシピだったりメロディーだったり。

　デザイナー、クリエイティブディレクター、アーティスト、建築家、料理研究家、アクアリスト……肩書はいろいろありますが、あまりそれらには惑わされないほうがいい。クリエイター自身の領域や仕事の進め方を何となく示している、便宜上の呼び名に過ぎないのかもしれません。受注して仕事を行うのがデザイナーやディレクターで、自分発で創作を行うのがアーティスト、などと大別されたりしますが、そうじゃない人もいるので混乱します。大事なことは、どんなアウトプットを提供してくれるか。それだけです。

　どちらにせよ彼や彼女は自らの仕事に強い動機があり、こだわり、突き詰めていく。多くの場合、評価やお金のためだけでなく、自らの知的な好奇心や探究心を満足させるために日々邁進す

る。こんな仕事のやり方を、組織の内部では許容しづらい。

　もしかしたら彼や彼女は、空気を読まず自分のやりたいことだけに没頭し、上下関係に無頓着、そんな利己的な存在に見えてしまうかもしれません。これは、単に仕事の上で何を大切にするかの優先順位が異なるだけ。組織の慣習なのか、アウトプットなのか。こだわりに集中するクリエイターというのは、本質的には価値を生み出すという「仕事」に熱心なのです。

　クリエイターの仕事への姿勢に触れ、「働き方」について考える機会を得られるのもブリッジングプロジェクトの魅力の一つ。なぜ、彼や彼女はそんなにも熱心に向き合い、創造的な仕事に没頭できるのか。ワークとライフの2つを明確に区分し、バランスを取ることだけが正しさではない世界があるということ。そんな刺激をくれる存在と時間や体験を共有できることにも、価値があると思います。

● **クリエイティブという価値**

　もう一つ、「クリエイティブ」の意味もはっきりさせておきましょう。

　いろんな人がいろんな定義で使ってだいぶ手垢にまみれていますが、この本ではクリエイティブを「クリエイターが生み出したユニークな"アウトプットの価値"」と定義します。

　少しややこしいですが、「アウトプット」ではなく「アウトプットの価値」としたのは、アウトプットが経済的な成功にとどまらず、個人のマインドセットを変え、組織の文化を変え、お客

さんとの接点を変えたかどうか、そんな変化や効果までを視野に入れて評価したいからです。

例えば、デザイナーのアウトプットである店舗デザイン案が優れているだけじゃなく、そのデザインがブランド全体のイメージを変えるとしたら。そこにグラフィックデザイナーも巻き込んでロゴやサインを変えていればなおさらですが、イメージの刷新がより売れるショップへと後押しするとしたら。例えば、バーテンのつくるカクテルが美味しいだけじゃなく、そこから忘れられない会話が生まれるとしたら。クリエイターの生み出したアウトプットがもたらす「価値」は、こういうところに現れてくるのです。

● **日本が誇るあまたの才能を生かそう**

アーティストやデザイナー、そして建築家。一般的に「クリエイター」とはこういう職種を指す言葉でしょう。こうした領域で、日本のクリエイターへの国際的な評価は、とても高い。僕の同世代でも世界各国の展覧会や展示会で高い評価を受け、国際的なデザインのアワードで受賞をしているクリエイターはたくさんいます。海外の著名なデザイン事務所に勤務し、活躍している人も増えています。

残念なことに、一般的なビジネスに携わっている日本の人たちは、そうした現実をあまり知らない。「日本のクリエイターを国際的に発信するぞ！」と威勢のいい言葉が霞が関方面から聞こえてきたりしますが、まずは国内のプロジェクトでもっともっとクリエイターを活用し、評価してもらいたいものです。

BRIDGING PROJECT_CASE 1

上海万博 職業体験施設 Abilia（アビリア）

造船ドックの跡地に、子どもたちを対象とした職業体験施設を開設。トーン&マターがコンセプトメイクやブランディングを担当した。特に、中国の教育指針である「知徳体」を楽しく分かりやすくコミュニケーションツール化したキャラクターは好評だった。キャラクター開発などの領域では日本のクリエイターの評価は国際的に高い。

—
コーディネーション：有限会社ヴィジョントラック
キャラクターデザイン：スタジオ プール

この本での「クリエイター」の定義で見れば、さらに幅広く活躍している人を、どの分野でも見つけることができます。パリの三つ星レストランでは、多くの日本人スーシェフが働いています。ブレイクダンスからクラシックバレエまで、世界中の子どもたちから憧れられている日本人ダンサーもいます。

　才能豊かな個人が、日本に閉塞感を感じ国外に出ていってしまったのかもしれません。でも今や、世界のどこにいるかはあまり大きな問題ではありません。もちろん国籍や生まれ育った環境もまったく個人の評価には関係ない。どんな才能をもつ人と、どう組むか、きわめてシンプルです。

　とはいっても、企業や行政の大半が、すぐそばにいて同じ文化を共有する才能をうまく生かせていないという現実は、歯がゆいばかり。本当に損をしていると思うのです。

　世界に目を向けるのはとてもいい。でもすぐそばに、もっとあなたの思いを理解してくれるクリエイターはたくさんいます。そしてそのクリエイターたちは、プロジェクトをうまくデザインすることで確実にビジネスの価値を飛躍させるパートナーとなってくれるのです。

1-2　なぜ「クリエイター」がプロジェクトに必要なのか?

● イノベーションはクリエイターありき

　これまでの組織は創造性を定型化し、劇的な変化を起こすことよりも小さな変化を安定して起こすようにマネジメントすることで、成長する市場で優位性を保ってきました。既成の組織が新奇性の高い仕事を苦手とする理由は、かつての優位性の裏返しです。

　新しい働き方は、今の組織だけではもはや、つくれない。それはしかたのないことなのです。

　信用もあり利益は上げられているし、何より優秀な人材がそろっているのにも関わらず、新規事業や新しいプロジェクトとなると途端に成果を上げにくくなる。ネットビジネス、ロボット、AIといった新しい領域から、リノベーションなどレガシーの再生に関わる事業、これらはいずれもイノベーションが要求されるものばかりですが、既存の企業はベンチャーの活躍に大きく水をあけられつつあります。あるいは、人口減少時代にマッチした新しい公共のあり方を、世の中に提示できている自治体は一握りしかありません。

　成長のために失った創造性や変化への対応力は、イノベーションが求められる新規事業やプロジェクトの成功に不可欠なものです。あえて捨てたものが、今は必要になっている、その現実に向き合いましょう。「初めに創造性ありき」、それがイノベーションの条件です。ここから目をそむけていては何も始まりません。

第1章　クリエイターがもたらすもの ── 組織に創造性を招くために

●「餅は餅屋」に限る

　発想力、創造性に富んだ人材を組織の内部で開発できるのなら、課題は内部で完結します。これは理屈としては正しいのですが、現実的には難しいと思います。

　第一に人材育成に時間がかかりすぎます。今の日本企業や行政などの組織の状況を考えると、そんな悠長なことを言っていられません。第二に、生まれもった個性や育った環境などの不確実な要因が大きく影響し、教育に投資した分だけ成果が上がるわけではない。投資対効果の予測が立たないのです。

　さらに第三の理由があります。「独創性のパラドックス」とも言うべきものです。

　教育プログラムがうまく行き、創造性に富んだ人材が育ったとしましょう。では、その彼や彼女は、変化よりも安定を重んじる元の居場所の文化に定着し、パフォーマンスを上げ続けられるでしょうか？　残念ながらそのような環境では、せっかく育成した人材も、独創性を評価してくれるよその環境へと移ってしまう可能性が高いのです。

　古臭い言い方ですが、「餅は餅屋」です。一つのことを1年365日、ほとんど24時間考え、日々つくり続けているクリエイターに、どうやったってその分野では組織人が勝てるわけはない。

　プロフェッショナルになるには、1万時間の打ち込みが必要だと言います。その「1万時間の法則」がすべてに当てはまるとは思いません。だけど、四六時中そのことばかり考えて没頭してい

る人のアウトプットを、組織力でコピーできるというのは考えが甘すぎます。見よう見まねでやったところでしょせんは二番煎じ、できたように見えても美味しい餅になることなんて稀です。

● **組織の外へと橋を架ける**

　クリエイターと手を組み、プロジェクトを立ち上げる。組織のもつ力を最大限に発揮しながら──。このシンプルだけど新しい仕事の進め方が、今までとまったく異なる新しい価値を生み出すはずです。
　ブリッジングとは、その事業やプロジェクトの条件に合うクリエイターを呼び込む方法です。メリットはたくさんあり、逆にデメリットはわずか。まだこのやり方が広がっていないのは、みんなが慣れていないだけだと思います。
　外部のメンバーを招き入れ、共に気持ちよく仕事を進めていくためには、序章でも書いたようにプロジェクトをデザインすることが必要です。組織の枠を超えてチームのメンバーを自由に選べるようになれば、毎日の仕事は創造的な刺激に満ちあふれるものになるでしょう。

1-3　クリエイティブが稼ぎの柱になる

● 無形の資産がものを言う

　クリエイティブはアウトプットの価値であると説明しましたが、具体的にそれはビジネスにどんな効果をもたらすのか。もっとはっきりいえばクリエイティブがどれだけ儲けにつながるのかを考えてみます。

　カネやモノは、有形の資産。目に見えるし、数字で計ることもできる。これまでの経営環境では、有形資産の増減だけに注力していればよかったのかもしれません。でも今は違う。欧米の大企業が知的財産を重視した経営戦略にシフトしつつあるのも、デザインファームを買収するといった動きがあるのも、有形資産だけでは厳しい時代に入っていることを裏付けています。それは欧米だけではなく、日本の企業でも起こっている変化です。

　これからのビジネスでは、無形の資産がものを言う。アイデアやデザインといったクリエイターが得意とするアウトプットこそが、無形の資産にほかなりません。収益率の高い「資産」として、クリエイティブが経営に直結しつつあるのです。

　資金があっても、ハイスペックなマシンがあっても、そこにアイデアや創造性をもつ人が、つまりクリエイターがいなければ、イノベーションは起こりにくい。逆に人材さえいれば、資金や設備は借り物であっても、大きな収益を生むことができる。世界中の企業で、デザインを統括する役員職であるCDO（Chief Design Officer）の起用が進んでいるのも、端的にその表れです。

● 「見かけ」だけがクリエイティブじゃない

「価格を上げるために、デザイナーに頼んでかっこよくしてもらおう！」

　クリエイティブを単に「色や形のデザイン」だと考えるのは、よくある勘違いです。

　見かけのデザインは言うまでもなく、とても重要。でもプロのクリエイターとの仕事は、プロダクトの色や形といった付加価値を向上させるだけのものではないのです。

　例えば、社内だけでは思い浮かばない斬新な疑問やアイデアなどが起こすイノベーションも、クリエイティブの効果です。どれだけの時間と人件費をかけても、自分たちだけで出ないものは逆立ちしたって出ません。創造性で飯を食っているプロフェッショナルを巻き込みアイデア出しの時間をどんどん圧縮すれば、余剰の時間を組織が得意とするプロセスに割くことができる。各自が本来の責務にしっかり時間をかけられ、プロジェクトの成功率も上がっていくのです。

　最近よく耳にする「デザイン思考」とは、大雑把に言うと、このようなクリエイティブのプロセスを経営に生かそうとする方法論です。デザインやクリエイティブは、これまでの一般的な定義を超えて、すでに組織のあり方や行動にまで強い影響を与えつつあるのです。

● **クリエイティブはニーズにフォーカスする**

「クリエイティブの予算って、余裕のあるときにかける外注コストでしょ？」

　そんな思い込みは改めましょう。クリエイティブの具体的な効用は、商品やサービスの販売数や単価の向上だけではありません。外部のクリエイターと組むと、ビジネスの構造や収支に大きなプラスの変化を生み出すこともあるのです。

　例えば、商品の無駄なスペックを省き、原価を下げることもあり得ます。ほとんど使うことのないボタンで埋め尽くされたテレビのリモコンを思い浮かべてください。そんなたぐいの商品はほかにいくらでもあります。これらは消費者のニーズに沿ってつくられたわけではありません。同じような商品であふれた市場で、少しでも説明しやすいアピール要素を増やすために、本質的なニーズを度外視して設計した結果なのです。

　ここに、本当の意味でのクリエイティビティは発揮されているでしょうか。本質的なニーズに敏感な才能あるクリエイターだったら、こんな無駄はバッサリ切り落としてくれるはず。そして、ユーザーが求めている本当の価値を見つけ出し、それをコアにして洗練させ、演出を施し高付加価値の商品を開発する。

　クリエイターとのこのようなコラボレーションが図られると、売上の向上と、コストダウンを同時に実現できます。クリエイティブは、ときに利益率にも貢献するのです。

> クリエイティブは儲けに効く

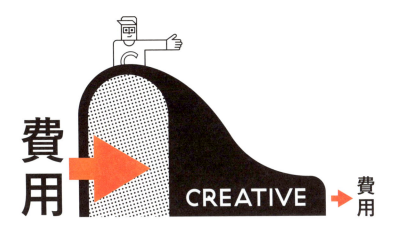

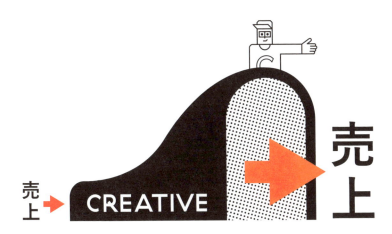

BRIDGING PROJECT_CASE 2

高級豚 マンガリッツァ

ハンガリーの食べられる国宝として世界中にファンの多いマンガリッツァ。今まで冷凍でしか日本では馴染みがなかったが、十勝でその飼育を進めるプロジェクトが始動。トーン&マターは、プロジェクト推進のサポートとして、ブランディングに加え、美味しく食べる調理方法を開発すべく酪農の現場と、多彩な料理人をブリッジングする業務を推進している。

—
事業主：株式会社丸勝

● **無形の価値を信じ事業に変革をもたらす**

　クリエイティブがもたらす無形の価値とはどんなものでしょうか。例えば、ほかではできない「体験」や「物語性」といったものがこれにあたります。

　ブティックホテル（ライフスタイルホテル）を例に、無形の価値の活用について考えてみましょう。ブティックホテルとは世界の大都市で流行しつつある、小規模でデザイン性の高いホテルです。「何だ、従来のシティホテルやビジネスホテルとデザイン性で差別化しているのか」と思うかもしれませんが、ここで提供されているのはほかでは味わえない空間や楽しさです。宿泊客に「体験」や「物語」を提供している、というのがむしろ本質なのです。

「規模が小さくて高単価のホテルを検討しませんか？」
「いや、規模が小さいホテルなんて、あなたはホテルビジネスをご存知ない。だいたい、単価が高すぎて不安です」

　現実には、規模や設備では五つ星にかなわないはずのブティックホテルの宿泊単価は高騰し、ホテル業界を席巻しています。それなのに日本の不動産会社は「ブティックホテル」と聞くと、みんなビビってしまう。

　デザイン性も含む体験や雰囲気を重視し、設備などへの投資規模は小さくする。これからホテルを利用していく世代には必要とされない過剰さをバッサリと切り捨てた新しい事業モデルが、世界に広がりつつあるのです。そんなふうに力説しても、とにかく

「無理です」の一点張り。なぜ「やらない」のか、ちゃんと腑に落ちる説明を受けたことはありません。

　きっと大きな理由の一つは、「不安」なのではないでしょうか。デザインだけに特化したホテルと見なしている限り、それが高単価、高稼働になっている現実を説明できないので、不安になってしまう。無形の価値を感知し信じられない限り、既存の市場にないものをつくることなんてできないのです。

　でも、そんな新しさへの感性が必要とされる部分を、すべて会社内で担う必要なんてありません。組織に染まっていようがいまいが、稼ぎたいのはみな同じ。であれば無形の価値を信じられるクリエイターと手を組み、新しい事業モデルを目指すべきではないでしょうか。

1-4　ブリッジングプロジェクトの３つの効果

　これまで、プロジェクト型の仕事のあり方と、クリエイティブがビジネスにもたらす効果、そしてそこには外部の人を招き入れるべきだということを説明してきました。ここからはもう少し具体的な、ブリッジングプロジェクトの効果を明らかにしていきましょう。

　組織内のメンバーと外部のクリエイターとのコラボレーションがもたらすメリットは、主に次の３つです。

① **プロセス——"共に学ぶ"効果**

　ブリッジングプロジェクトでは、「すぐれたアウトプットを金で買う」ことはしない。それだけでは、これまでの"外注"と変わりません。違いは、アウトプットだけではなく、アウトプットが生み出されるまでのプロセスを共有すること。プロセスから共に学ぶことが重要だと考えています。組織内のメンバーにとって、「餅屋と一緒に餅をつくり食べる」経験はとても大切なものだと思うからです。

　その経験には、デザインやものづくりのプロセスだけでなく、価値観や仕事の取り組み方において、互いの違いを認めコラボレーションすることも含まれます。

　組織の論理に染まってしまった人は、日常業務の変化に過敏になりがち。変化に対応するくらいなら、業績や成果が上がらなくても、今日と同じ明日であってほしい。そんな願望が、悪しき文

化として残ってしまった組織も少なくありません。

　でも、外部のクリエイターの目には、変化こそが価値の源泉と映っています。既存のビジネスが既存のフレームだけで回っていく世界に、インディペンデントなクリエイターの居場所はそもそもない。変化こそが、彼らにとっては生きていく意味であり方法です。だから、彼らは既存の組織に新しいモノの見方を提示する。

　こういったクリエイターの価値観は、社内のメンバーに成長をもたらすはずです。クリエイターの価値観をすべて導入する必要はない。でも、自らの仕事に向き合い再定義する、その機会になると思います。

　ものは考えよう。1万時間の努力をしなくとも、1万時間の片鱗を味わうことができるのです。組織内の人材に同じ時間の研修を積ませれば、研修費とその間の給料だけで莫大なコストとなります（正社員1人あたりの雇用コストは給料の2〜3倍。「社内でやったほうが安い」なんて気軽に言わないでほしいものです）。ブリッジングによるメンバーの"研修"は、とてもリーズナブルです。

　==アウトプットを得られるだけでなく、プロジェクトが社内のノウハウやスキルの向上の糧になるのです。==

② コモンセンス——"常識"が入ってくる効果

　クリエイターは非常識でクレイジーな人種だ。などというのは（そういう人もゼロとは言わないけど）ほとんどの場合は単なる思い込みです。むしろ、組織内だけでしか通用しない"常識"

は、世の中では非常識だったりしませんか？ この組織内のしがらみを解き放ってくれるのが、変化に対するクリエイターの飽くなき欲求の力です。

　クリエイターは常に「何で？」と疑問を発することができる。プロジェクトの早い段階から参画すれば、さらにたくさん発することができる。ブリッジングプロジェクトの利点は、そもそも組織の輪郭からはみ出していることにあります。縦割り組織に特有の「大人の事情」がなく、組織側に「事情」があっても、すぐれたクリエイターなら、そんなことに気なんて使わない。

「**何でこの事業をやるんですか？**」
「**この条件なぜ必須なんでしょう？**」
「**誰が喜ぶんですか？**」

　などなど。これらの答えを探すことで、組織内の慣習や文化に染み付いた「非常識」に気づくことができるのです。社内の事情で始まったことを、客観的な視点で評価し、場合によってはバッサリと切る。しがらみの非効率を排し、効率的にプロジェクトを進められる可能性が高まります。

　ときにクリエイターの目は、社内のメンバーの常識からは評価されない「お宝」をも発見します。例えば、社内にある大量の不良在庫。そのことを知っている社内のメンバーにとって、それは経営を圧迫する邪魔物に過ぎません。でもあるとき、たまたまそ

第1章　クリエイターがもたらすもの ── 組織に創造性を招くために　　49

れを目にした外部のデザイナーは、そこにまったく新しい価値を見いだせるかもしれないのです。

　外部のクリエイターは自分のアイデアと、多くは眠ったままになっている組織のなかの資産を自由に、先入観のない視線で掛け合わせることができます。組織内の"常識"では、なかなかそうはならない。

「それでは自社の金型が使えません……」
「あー、それはマーケティング部長がなんて言うかなあ」

　ついつい先入観のフィルターで判断してしまいがち。そういう常識を叩き込まれプロとして成長してきたのだから、当然といえば当然、責められることではありません。
　クリエイターの常識で、社内の非合理な常識を一掃する。そのことでリスクや無駄をなくし、チャンスや可能性をつかむ。これこそがクリエイターをプロジェクトに招き入れる醍醐味の一つなのです。

③ カルチャー──染み付いた"文化"を変える効果

　善玉ウィルスなるものがあります。外部から身体に入り、健康的な作用をもたらすらしい。ブリッジングプロジェクトも同じ効果を組織にもたらします。

　ベストプラクティスを生み出せば、それが新たなモデル、やり

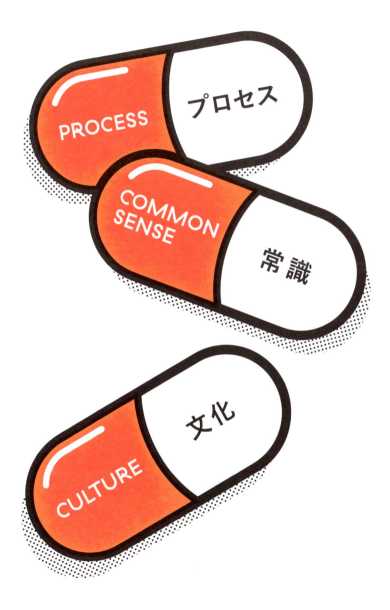

方、型になります。日本型の組織は型を見つけることができれば、それをブラッシュアップし、展開・拡大することに長けています。一つのやり方を最適化していくのは、組織の得意中の得意。

　組織が自ら新しい型を生み出せればよいのですが、手続きや評価が優先されるようになってしまった組織には、それが難しい。でも、外の人間と組むことで新しいやり方を実現でき、それが成功すれば、生産的な気質を生み出すきっかけになります。次からは「新しいやり方」と「成功」がセットで、選択肢として組織全体に感染していくかもしれません。

　ブリッジングとは、組織の内と外にコラボレーションの橋を架けることです。でも橋を架けるべき谷は内と外の間だけでなく、組織内の部署間にも存在します。そこにも橋を架け、創造的なチームを生み出すのが、ブリッジングの役割です。

　それは今までのやり方と大きく異なるかもしれません。疑念の目で見られたり、ときには抵抗にあうかもしれません。でも、やり抜くべきなんです。このあとに続くプロジェクトにとっては、一つの道を切り開いたことになるのですから。

　実体験にまさる善玉ウイルスはありません。特に組織内の部署を横断したプロジェクトの感染力は最強です。チームが組織の外部と組むことで、組織内の山や谷を超え、過去のやり方をまったく新しいものに組み替えることができる。ブリッジングプロジェクトの目指すべき効果は、そこにあります。

● **インハウスクリエイターこそブリッジパーソンとなれ**

「新商品は、このクリエイターさんに頼みましょう！」
「いや、我が社にはデザイナーがいますので……」

　新しいプロジェクトをデザインする過程では、しばしばこんなやり取りが生じます。確かにインハウス（社内）のクリエイターは、組織の論理や制約にばっちり適合した提案を出してくれるに違いありません。明確な目的と目標をもち、明確な期限を設ける「プロジェクト化」は稼ぐための必要条件ですが、「ブリッジング」の効果に目を向けないなら、十分条件とはならない。真に必要とされる大きな変化はもたらされないのです。

　インハウスのクリエイターには、"最適"はつくれても"最高"はつくりにくい。これが僕の経験則です。"最高"をつくる能力があっても"最適"が優先されてしまう。それが今の組織の実情ではないでしょうか。最適をつくるのは、もちろん重要。でも、変化が必要なときには、"最高"をつくるためのメンバーを招く必要がある。

　橋を架け、外に踏み出すこと。クリエイターと出会い、チームに招くことには確かな合理性があります。これからやるべき新規事業のために、これまでの仕事と並行して1万時間のトレーニングを積むなんて、不可能です。

　事業経営の観点でも、社内の誰かに1万時間の専門的なトレーニングを積ませるよりも、間違いなく、ずっと大きな効果が組織にもたらされる。そんな"仕事のやり方"が、ブリッジングプロ

ジェクトで経験できるのです。

　もし、あなたがインハウスデザイナーなど組織内のクリエイティブに従事する方なら、ページを閉じずにもう少しお付き合いください。あなたこそがブリッジングを担うのにピッタリな人材だと、僕は考えています。
　それにはいくつかの理由があります。まず、あなたが社内でのプロジェクト経験を豊富にもつこと。ブリッジングによって外部の力を活用する仕事は、確実にあなたの視野を広げ、スキルを向上させる機会になります。アウトプットに対する貢献度が圧倒的に高くなり、その点でも評価されるでしょう。
　組織のこともクリエイティブのことも分かる人がチームに加わり、プロジェクトをデザインする視点でブリッジングを主導すれば、よりスムーズに運んで成果も大きくなる。インハウスでクリエイティブに従事する人は、今後は自分のキャリアプランのなかで「ブリッジパーソンになる」という目標を立てる時代になるんじゃないか。僕はそう信じています。
　デザインやテクノロジーなどの領域に深く通じていなくても、もちろんブリッジングプロジェクトを推進する立場になれる。大切なのは、やり遂げようとする気持ち。既成概念を捨て、新しいやり方に一歩を踏み出せるかが、これからのスキルとして問われているのです。

1-5 "クリエイター怖い"あるある

「クリエイターと組むって何か怖いんです」

　初めは外部のメンバーと組むことに、あなたも抵抗があるかもしれません。気心知れたメンバーで、フィーのことなんて気にせず進められれば気楽です。しかも、クリエイターとなると変わった人かもしれない、うまくチームとして機能するのか不安になる人も多いでしょう。

　結論から言うと、サラリーマンだろうがクリエイターだろうが誰であっても怖い人は怖いし、うまく行かない場合もある。それが組織内の人間なのか、外部のクリエイターなのかは、一つの側面でしかありません。

　クリエイターの要求を担当レベルで調整してから上層部に伝える、あるいは上層部の要求を翻訳してクリエイターに伝える……といった気のもみ方も、たいていは取り越し苦労だったりします。社内政治の「常識」を他人の気楽さで飛び越えるのも、外部のクリエイターの強みの一つ。外部のクリエイターと上役がじかに話せば、あっさり「いいよ」となることも案外多い。

　相性がよく優秀なクリエイターなら、条件を整えて迎え入れれば、無駄な迂回をせずに、ビジネス的な成功に迷いなくフォーカスしてくれます。もつべき発想は、成功への近道として外部と組むということなのです。

　ここからは、一見理解しがたいクリエイターの習性と、その裏にある彼らの本質的な行動原理について考えてみましょう。

● あり得ない金額の請求が来た！！
「デザイン費」だから仕方ないの？

　フィーの問題は、確かにあります。当然だけど、優秀な人ほどフィーは高額になる傾向はある。業界や分野によっては、フィーの相場があります。それでも、あくまで目安。まずはプロジェクトの意図を伝え、賛同してもらうこと。言い値ではなく、事業の規模や、どれくらい時間を割いてもらえるのか確認して、適正なフィーを詰めていくしかありません。そのプロジェクトに新奇性や挑戦的な要素があり、何よりあなたが真摯に向き合っているなら折り合いがつきやすくなるかもしれません。

● **役員プレゼンなのにサンダル？**
社内会議に呼んでいいものか……

外見。クリエイターは、自らのあり方にこだわりをもっている人も多い。それが組織側のルールから見たら、少しはみ出していたとしても。日本型の組織の服装に関するルールはどうなのかと思うこともありますが、何よりも重要なのはプロジェクトの成功。そのクリエイターがベストだとあなたが判断したのなら、組織内に躊躇なく紹介すべきです。もちろん、プレゼンの重要性はクリエイターにも伝えてください。クリエイティブが素晴らしければ、服装なんてどうってことはない。

第1章 クリエイターがもたらすもの —— 組織に創造性を招くために

● まだアイデアが降りてきませんか……？
進捗管理ができなくて不安

　進捗管理については、そもそもの進め方の違いがあります。アイデアに依存する仕事は、時間軸に沿って着実に成果が上がっていくものではなく、ときには逆戻りしているように見えることもあります。社内の報告のために進捗を把握することは重要ですが、プロセスを共有し理解し合うことはもっと大切です。後退しているように見える状態でこそ、今まで見えていなかった重要な課題が浮き彫りになりやすく、それを手がかりに次のステップに行くほうが、最終的には精度の高い仕事になるのです。

● こ、これは……いったい何ですか?!
クリエイターのアウトプットが理解できなかったら？

　最も重要なのはクリエイターと、アウトプットの目指すところをしっかり握り合うこと。着手する前に、互いのゴールの設定を明らかにしましょう。そうしないと、提案されたものに対して、根拠なく意見を交わすことになります。個人の感覚値や感情の投げ合いは不幸の始まり。むしろ、課題は何なのか、どういう状態になったら、それが解決なのかを共有しておくことが大事です。初めに握り合ったゴールと課題に対して、何で応えているかで評価していくべきなのです。

第1章　クリエイターがもたらすもの —— 組織に創造性を招くために

1-6　あなた自身にもたらされる効果

　外部のクリエイターを招き入れ、新たなプロジェクトをつくる。ここまではその意味や効果を説明してきました。実際にブリッジングプロジェクトをデザインし具現化していくプロセスについては、次章以降で詳しく説明していきます。

　この章の締めくくりとして、あなた自身の仕事への影響について、少しだけ。ブリッジングプロジェクトを始めること、すなわち新しいプロジェクトをデザインするということは、同時にあなたの働き方をデザインすることにもなるのです。

● 組織と自分の仕事の関係を再定義

　ここで言う「働き方」とは就労時間や昇格など組織のルールではなく、仕事と自分との距離、価値の置き方など。組織として稼ぎ、その一部がサラリーとして配分されるなかで、自らが世の中に何をアウトプットしていくのか、ということです。

　多くの人が思っているほど、稼ぎ方のフレームワークは堅牢なものではないし、むしろガチガチに固まっている仕組みは市場の変化への対応が難しく、先行きはむしろ不透明です。新奇性のあるプロジェクトを経験できるということは、自分の働き方を見直すチャンスなのです。

　自分が働くことで、どの部分での収益性が高まるのか。常にそう意識することで、組織と自分の両方に、本当は不必要な枠や時間があることが見えてくるはずです。

● **少しくらい組織内で浮いたっていい！**

　浮くというのはユニークであるということ。変化が必要な状況においては、組織にもそういう人材が必要になってきます。創造性や新奇性にユニークネスが必要ないわけがない。
　組織のなかで無駄な時間を減らし枠組みを更新するにはエネルギーが必要だし、ときには苦痛も伴います。それでも、少しだけ組織内で浮く覚悟で背伸びしてみると、それはそれで心地よい経験になると保証します。より変化をもたらすための反骨精神は、経営陣にとっても評価に値するはず。正直、それさえも分からない経営層の下で、不要な面倒を押し付けられるなら、ほかの職場を探したっていいと思います。

　ブリッジングの橋は、組織内と外部のクリエイターとの間に架けるもの。だけど、プロジェクトそれ自体は、組織やあなたの現状と、未来との間に架ける橋にもなるのです。

BRIDGING PROJECT_CASE 3

ホテル CLASKA（クラスカ）

2003年に開業したホテルのリノベーションプロジェクト。著者が、"どう暮らすか、提案のあるホテル"というコンセプトを立案し、複数のデザイナー、飲食オペレーターなどとコラボレーションしながらプロジェクトを推進した。上層階をクリエイターを中心としたコミュニティのある中長期滞在のレジデンシャルホテルとして活用したり、展示会場やドッグトリミングサロンを併設するなど、デザイン性だけでなくさまざまな価値を組み合わせた新しいカタチのホテルとして評価された。

–
インテリアデザイン：有限会社インテンショナリーズ
グラフィックデザイン：有限会社タイクーングラフィックス
インスタレーションアート：Tomato
インテリアディレクション：株式会社 t.c.k.w
運営企画：株式会社トランジットジェネラルオフィス
>>> http://www.claska.com

第 2 章

マインドセットをデザインする
―― プロジェクトのあるべき姿を考える

従事している事業やプロジェクトの課題というのは自分で思っているほど把握できていないものです。
　理由はその認識方法にあります。「課題」として認識されるのは、うまく行ったときの理想像と、現状とのギャップ。でも、そもそも理想像の設定が、あいまいになりがちで、「最高にうまく行っている」状況を思い描けないことがほとんどです。経験したことがないので当然です。
　一方で現状把握も相当に手ぬるくなりがちです。現実のネガティブな状況を、意識的か無意識かに関わらず、しっかりと分析できていないことが多い気がします。これでは、理想と現実のギャップを正しくつかみようがありません。それは、「プロジェクトのあるべき姿」になぜ到達できないかの理由さえ分からない混乱した状態。このままでは目指す山頂に魅力を感じられず、現在地も分からない、登山中の遭難のようなものです。

　この章では、プロジェクトをデザインするためにまず必要となる考え方や共通認識、目的と目標設定について解説していきます。まず、今の認識や判断はリセットすることをお薦めします。正確に状況把握できていないのに、無理やりブリッジングを当てはめようとしても、効果は期待できません。
　はっきりとした言葉にしていくことで、本質的に抱える問題点や課題はおのずと明らかになるはずです。まずは、白い紙に、新たにプロジェクトをデザインしていくイメージをもって進めていきましょう。

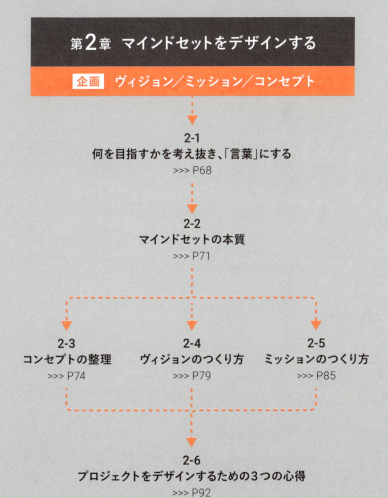

2-1　何を目指すかを考え抜き、「言葉」にする

「このプロジェクトは何を目指しているのですか？」

　もしあなたがプロジェクトのコアメンバーにも関わらず、この質問に即答できないのなら、プロジェクトがゾンビ状態にある危険性があります。一緒に考えるためにさらに問いを重ねます。

「会社として、あるいは個人の視点としてでも構いません。どうなれば成功といえますか？」
「成功すると誰が、どこでハッピーになっているのでしょう？」

　と、ここまで聞いても、はっきりとした言葉はなかなか出てこない。それが、巷にあふれる「プロジェクトの現実」です。

● **動機が弱いと一丸になれない**

　外部のクリエイターとのコラボレーションが創造性や新奇性の高いプロジェクトを成功に導く。それが、この本の主たる主張です。でも、「そもそも何を目指す？」はそれ以前の話。何のためにプロジェクトを進めるのかが明確でないなら、まずはそれを徹底的に考えなければなりません。

「何って……役員会で決まったことですから」
「競合他社に遅れを取るわけにはいきません。だから参入するし

るかないんです」

　命令だから。ほかもやっているから。これらは、プロジェクトを成功に導く本質的な動機にはなりません。そして、確実に創造性や新奇性を生み出す原動力にはならない。
　こういう答えしか出てこないのであれば、プロジェクトとしてはむしろマイナス地点からのスタートなのだと、まず認識すべきです。メンバーが一丸となって仕事を行うプロジェクトにするためには、モチベーションが大切。外部に橋を架けるブリッジパーソンとなるべき人材は自分に問いかけ、現状を言葉に表すことが重要です。それが現時点では「厳しい現実」だとしても。

● **言葉は強力な推進力をもつ**

　まずはあなた自身とチームメンバーとの共通言語をつくっていくことから始めます。プロジェクトの状態や理想像を表せる言葉を見つけ出し精錬させます。言葉は強力な推進力をもつエンジンであり、プロジェクトの軌道を修正するツール。言葉の力を侮ることなかれ。プロジェクトはチームの仕事です。僕らの経験上、成果を具現化していくためには、メンバーで言葉をつくり、共有していくことが絶対不可欠です。
　プロジェクトを言葉にするというのは、多くの人が思うよりもずっと難しいこと。「簡単だ」と思う人ほど、本質が伝わりにくい言葉でしか語れないことがあります。染み付いた「組織の常識という非常識」の毒抜きから始めないといけないから、毒に染

まっていればいるほど、相当にキツい作業になります。

「そうは言っても弊社の過去からの流れに従うと……」
「その領域では役員が部長時代に痛い目にあってまして……」

　流れに乗っていればうまく行くのか？　だからやってはならないのか？　そういう、自問自答から始め、本当に組織やプロジェクトチームにとって大事なことを、人に伝わる言葉にしていきます。

　言葉が整理され共有されると、それがチームのマインドセットになります。マインドセットができていない状態で、外部へ橋を架けに行くのは危険です。対岸が見えないどころか、自らの足場もあやしく、谷の幅も深さも分からないようなもの。まずは自分の足元を固めましょう。

2-2　マインドセットの本質

とはいえ、ただ言葉にすればいいってわけでもないのです。

ヴィジョン、ミッション、目標、目的、KPI、ゴール、マイルストーン……。とにかく、たくさんの言葉が使われています。とても無造作に無防備に。

「事業コンセプトとしてのヴィジョンと連動した、プロジェクトの戦略ミッションの遂行のために、目標設定を検討いたしました」

言葉一つひとつの意味は理解できても、全体では何を言っているかさっぱり分からない。会議でこういうセリフが出てしまうのは、マインドセットが不確定な証拠（こんな言葉が共有されていたら、それはそれで怖いけど）。

多くの時間が会議で失われる。そして会議のための会議でさらに失われる。その時間を、実のある作業にあてられたら、プロジェクトはもっと前に進むと思いませんか。

●第一に「ヴィジョン／ミッション／コンセプト」を

こういう事態は、言葉の定義や、マインドセットの肝であるヴィジョンやミッションがそのプロジェクトで果たす機能について、しっかり共有されていれば起こりません。日本独特のあうんの呼吸を過信してはいけないのです。

ここからは、多くの現場で混乱の元となっている「言葉」を整理し、解説していきます。どんな言葉を使うかは、プロジェクトをデザインするためのフレームワークとしてとても重要です。このプロセスをしっかりと固めておくことで、そのあとのプロジェクト推進のスピードが圧倒的に上がるはずです。

　僕らはまず、クライアントと共に、プロジェクトの前提となる「ヴィジョン／ミッション／コンセプト」を明確に定義することから始めます。そして、そのあとに「チーム／オーダー／マネー」の要素に、プロジェクトの構成を整理していきます。これがプロジェクトデザインの骨格になります。

　チーム／オーダー／マネーは、いずれもプロジェクトを実行するためのリソース。いわゆる経営資源のヒト／モノ／カネとも連動しています。これらの多くは具体的に目に見えるモノやコトですが、ヴィジョン／ミッション／コンセプトはまさに「言葉」として機能する無形のもの。

　この３つの言葉は、どれが欠けてもうまく行きません。場面によっては「デザインコンセプト」など別の言葉が必要なこともありますが、この時点では３つで十分。これ以上増やすと無駄なコミュニケーションが生じてしまいます。

　一般によく使われる「目的」「事業コンセプト」は、この本ではヴィジョンと同じような機能をもつものとして扱います。同じように、「目標」「ゴール」「KPI」などは、ミッションに含まれるものとして整理しています。

> マインドセットの肝

VISION
ヴィジョン

プロジェクトが、
「どんな未来のためにあるか」を明確にする。

MISSION
ミッション

プロジェクトが、
そのために「何を実現するのか」を明確にする。

CONCEPT
コンセプト

プロジェクトとして、
「こだわる価値」を明確にする。

2-3　コンセプトの整理

「この事業のコンセプトのために、施設のコンセプトが目標として掲げられておりますが、今回の事業パートナーのコンセプトと組み合わせることで、新しいコンセプトを提案することは可能でしょうか？」

　このセリフは少しオーバーだけど、「コンセプト」の乱発が混乱を引き起こすことは多いですよね。本来は逆の機能、「求心力」こそが、言葉に期待されるのに。

　そこでヴィジョン、ミッションを語る前に、コンセプトについて整理しておきます。コンセプトの定義は、「概念」というくらいだから、拡散しがち。それでもプロジェクト推進の過程で必要不可欠な要素です。

●「定義」をそろえる

　コンセプトがあれば、チームの多様なメンバー間の、価値観のすり合わせができます。特に外部のクリエイターとは、何にこだわっていくかを共有できます。プロジェクトに何らかの困難や混乱が生じた際にも、コンセプトが明確であれば、原点に立ち戻り、前に進むことができます。

　コンセプトの中身をつくる前に重要なのは、コンセプトの定義や機能を明文化し、共有すること。メンバーそれぞれが口にする「コンセプト」が、果たして同じものを指しているのか。「事

業」についてなのか、「商品」についてなのか。表面的なデザイン上の特徴を「コンセプト」と呼んでいることも少なくありません。「コンセプト」の定義があいまいなまま、こんな突っ込んだ議論をしたらカオスに陥ります。もし組織内に「コンセプト」の定義がすでにあったとしても、プロジェクトに関わる全員が共有できる定義を定めましょう。

　本当のコンセプトは、ヴィジョンやミッションとは明確に機能が異なります。プロジェクトの「何にこだわる」のか、その意識をチームで共有するための「言葉」でなければなりません。その機能がないならコンセプトではない。僕はそう考えています。

　「こだわり」としてのコンセプトは、チームメンバーの行動の出発点であり、同じ方向を向くための求心力であり、迷ったときのよりどころとして機能します。あなたのコンセプトは何かを決めるときの判断基準になりますか？　その言葉で、チームメンバーの行動は変わりますか？

　コンセプトが明確なプロジェクトから生み出された価値は、競合との差別化においてもアドバンテージを発揮します。そして、コンセプトで目指した価値の提供が持続的に行われることで、ブランドとしての存在感はどんどん強くなっていくのです。

　あとに詳しく説明しますが、ヴィジョンは「実現する大きな未来」を示し、コンセプトはその未来を「何にこだわって実現するか」を濃縮して表現します。同じ未来を別のプロジェクトが目指していたとしても、こだわりは絶対に同じにはならないのです。

● 共通のこだわりを探し出す

　コンセプトをつくるには、プロジェクトが置かれている状況や、メンバーの発する言葉のニュアンスなどを取り込み、アイデアを絞り出さなければなりません。この作業ではまさにクリエイティビティを発揮する必要があります。

　==いちばん大事なのは「何にこだわっていく」のかをチームで探し出すこと。それが自然とワクワクするものや、意義のあるものだと力強いコンセプトになります。この段階で余計なものや盛りすぎた要素を捨てられたとしたら、「こだわり」が明確に見つかった証拠です。==

　コンセプトのつくり方を理解するには、それ相応のパワーと時間が必要です。それは机上からではなく、実践からしか生み出されない。だから経験が乏しいうちは、コンセプトをつくる段階にもその開発手法に明るい人たちの参画が必要になるかもしれません。もちろんコラボレーションする外部のクリエイターがそこに秀でているなら、意見を聞くのもよい手段です。

　コンセプトづくりのハウツーを扱う本であれば、具体的なケースをたくさん挙げて、解説したほうが手っ取り早いでしょう。でもこの本の役割はコンセプトだけにとどまらず、ブリッジングプロジェクトの方法を明らかにすることにあるので、コンセプトにに関する説明はここまでにしておきます。

コンセプトにこだわり、中心に立てる

第2章　マインドセットをデザインする —— プロジェクトのあるべき姿を考える

BRIDGING PROJECT_CASE 4

エリアマネジメント事業企画

街のエリアを一つの事業フィールドととらえて、マネジメントを実施することで地域活性化を目指す取り組みが全国で模索されている。単なるにぎわいを求めるのではなく、エリアごとに何にこだわって街をつくっていくのか。トーン&マターでは複数の都内の開発プロジェクトに参画し、規模の大きな施設と地域の連携を強めることを目的に、エリアマネジメントのコンセプト立案や実施体制の構築などに携わっている。

2-4　ヴィジョンのつくり方

　ヴィジョンは、プロジェクトを通じてどんな未来を実現したいのかを明らかにするもの。

　クライアントとプロジェクトのヴィジョンを一緒につくるときには、そのやり方をこんな言葉で説明しています。

「自らの立ち位置を意識し、広がりのある世界に視野を向けることです」

　「立ち位置」を意識するというのは、自らの置かれている状況と、組織がもつ可能性から始めるということ。「新規事業」という言葉は甘く、魅惑的ですが、常に危険が伴います。新奇性のあるビジネス領域では、次々と現れる競合他社と血みどろの争いになる可能性も高い。自分にも組織にも経験則のない分野に興味本位で足を踏み入れるリスクは、それ相応に大きいのです。

　むしろ組織内に埋もれてしまっている可能性に、まずは目を向けてみましょう。組織の強みが「常識」で目隠しされ、客観的に見えていないだけかもしれません。長年の課題といわれ続けてむしろ忘れられているテーマや、将来的に対処しなければならないことは分かっていてもみんなが目をつぶっている問題点にこそ、思わぬチャンスが潜んでいるかもしれません。社内で敬遠されている事業領域には、市場でもわざわざ参入してくる競合も少なく、可能性があるかもしれません。

● 現実から離れて「大きな絵」を描く

　「広がりある世界に視野を向ける」とは、現実とその可能性に立脚しつつも、大きな絵を描くこと。いったん、組織のあれやこれやはスパっと忘れてください。
　新しいプロジェクトは、未来への足がかりになるくさびのようなもの。もし予算や期限など現実的な制約でプロジェクト単体では収益規模や安定性が初めは見いだせなくても、そのあとに連なる事業のストーリーを想像してみましょう。
　ただし、圧倒的なインパクトを打ち出すことには徹底的にこだわりたい。気負うことはないですが、将来のためのモデルケースやパターンを生み出す気概が必要です。

● 組織や市場における位置づけが大切

　ヴィジョンは組織のなかにおけるプロジェクトの存在意義を際立たせてくれます。組織全体で目指していることと連動し、つくり上げるものなのです。プロジェクトが成果を上げることで、組織全体の未来に新しい選択肢が生まれることを示しましょう。
　同時に、ヴィジョンは市場の動きやニッチを読み取ったものであるべきです。独りよがりではなく、それを聞いた組織内のメンバーや外部のクリエイターの動機づけになるもの。新たなビジネスをつくり上げることへの好奇心が、強く刺激されるものでなければなりません。

● **面白いかどうか、それが問題だ**

　ヴィジョンを書き出して、読み返す。魅力的なセンテンスになっているか？　初めは必ず大事な要素が欠けているから、簡単に面白くはなりません。「面白さ」がなければ、強いヴィジョンではない証拠。とはいえ、あなたが本気で「面白い」とさえ思えれば（それが独りよがりでなければ）、まずはそれでいいと思います。収益性やら継続性、創造性やら新奇性なんかをいちいち検討するのはあとのステップで大丈夫。

　「面白ければいい」という考え方を不謹慎だと感じる人もいるようです。でも、面白くなければ他人を巻き込めないし、未来の顧客にも価値が伝わらない。面白さを判断基準にして悪いことなんて少しもありません。「仕事にあたっては禁欲的に、忍耐強く臨むべし」なんていうのは頭が固すぎるとそろそろ気づいたほうがいい。

　ヴィジョンの設定では「面白さが重要な鍵です」といつもクライアントには説明しますが、幸いなことに「面白いことがやりたい！」と相談に来てくれる人がほとんどなので、言わずもがなだったりします。

　プロジェクトを進めていると、窮地に追い込まれて四苦八苦する場面に必ず遭遇します。でも、それもこれも面白さのため。一時的な通過点に過ぎません。苦労もないのに面白いことが実現できるならそれに越したことはないが、なかなか難しい。

　それに、面白いってことは、ビジネスとしても大きなアドバンテージがあることが多いと思うのです。クリエイターは、日頃か

ら創造的で新しいことに思考のメモリーを割いている人たち。そういう人が「面白い！」って反応するヴィジョンは、すでに方向性でいい線を行っているってことなんです。

　かたや仕事上の責務だけで集まっているチーム。かたや、それぞれ責任はもちつつも面白さに引かれて集まり、チームワークが強められたチーム。どちらが成功に近いかは言うまでもありません。面白さは、うまく行くチームには必須の要素です。プロジェクトが最終的に生み出す価値は魅力的でなければいけないのだから、面白さのかけらもないゾンビみたいなチームでいいはずがないのです。

● "近くて遠い人"がリトマス試験紙になる

　あなたが考えたヴィジョンが面白いのか、手っ取り早くテストしてみましょう。家族や身近な人に、簡潔にプレゼンするのです。組織内の事情なんか気にせず、厳しい意見を出してくれる存在はすごく貴重です。家族だけでなく、プロジェクトが目指しているビジネス領域の顧客になり得る人がいれば、その人にプレゼンしてみるのはもっといい。

　たいていは、最初から「それ面白い！」とはならないでしょう。根本的に考え直す必要があるのか、あるいは方向性を少し変えるべきなのか、最後の一押しが足りないのか。何度も何度も磨きをかけて、面白さを分かってもらうことに挑戦しましょう。表現が洗練されるだけでなく、修正の過程で根本的な無駄が削られれば、実現したいことの芯の部分も見つかってくるはずです。

VISION（ヴィジョン）のつくり方

VISION（ヴィジョン）とは、
プロジェクトを通じてどんな未来を目指すのか？
を表明するもの。

目指すのは

```
┌─────────────────────────────┐
│                             │
│                             │
└─────────────────────────────┘
```

な未来。

- [ ] 今の組織の状態（何ができて、何ができていないのか）に立脚しているか
- [ ] 将来のモデルケースになり得るほどに、大きなスケールで考えているか？
- [ ] 組織全体で目指しているものと連動しているか？
- [ ] それは、面白いか？

BRIDGING PROJECT_CASE 5

超福祉展

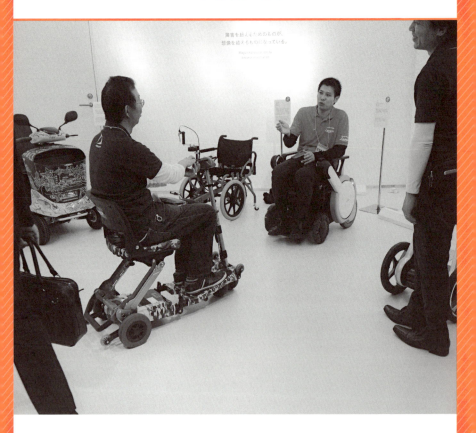

今の福祉の概念を超えて、2020年の渋谷はどんな未来を迎えているのか。そのヴィジョンの可視化に向けて、さまざまなジャンルのヒトモノコトが集結する展示会。デザイン性や革新的な技術を備えた機器の展示に加えて、シンポジウムや路上でのモビリティの試乗会などのプログラムも開催している。クリエイティブが評価を受け、2016年度グッドデザイン賞を受賞。主催のNPOピープルデザイン研究所に著者が理事として参画している。

―
主催：特定非営利活動法人ピープルデザイン研究所
空間デザイン：upsetters architect
コピーライティング：Fanclub.
グラフィックデザイン：MUZIKA design studio
>>> http://www.peopledesign.or.jp/fukushi/

2-5　ミッションのつくり方

　ワクワクする面白いヴィジョンが固まってきたら、今度はミッションをつくる番です。ヴィジョンが可能性を強め、広げるものであるのに対し、ミッションは手綱を締めるもの。

　ミッションはヴィジョンを具現化するために、達成すべき具体的な義務です。プロジェクトとしてのやりがいを強める、理にかなった高いハードルを設定しましょう。

● **具体的に数字で設定する**

　ヴィジョンとミッションはリンクしている必要があります。

　ヴィジョンで描いた広がりある構想を実現していくためには、最低限、何を実現させないといけないのかを考えてください。

　具現化した状況を想定し、そこから逆算するアプローチになるはずです。現実的なミッションは、現実的な数字で表わされるべき。逆に言えば、具体的な数字が設定できないのは、想定され得る課題に真摯に向き合っていない、もしくは課題が把握できていないということです。

「これは新規のブランディングの発信なんです！」
「まず利益ということではなく、あくまでもチャレンジなんです」

　だとしても、具体的な数値目標は立てられるはず。例えばブランドイメージの訴求がミッションなら、調査依頼しその認知度を

測るでもよし、もっと肌身に分かる指標として（僕はこちらのほうが好みですが）取り上げてくれたメディア数でもいい。イメージに合致するテレビ番組の、あのコーナーで発信してもらう、それをミッションにしてもいい（ただし確実に実現させること！）。

　利益という数字でなくても、圧倒的なインパクトを測る手法はいくらでもあります。コミュニティビジネスを推進するなら、いかに多様な人々が集まり関わったのか、その人数が指標になるかもしれない。あなたが食品を開発中なら、無作為に選んだ100人の味覚に支持されるのでもいいし、尊敬してやまない独りのシェフにお墨付きをもらうのでもいいのです。

● ミッションを分解して道筋にする

　当然ながら、逆立ちしても実現できない無理な目標を設定するのはやめましょう。かといって、目先の条件だけを積み上げたアンパイの設定にも意味がない（この本をわざわざ手にとってくれた人なら心配は無用でしょうが）。ギリギリ実現可能な目標を設定できると理想的です。

　ミッションが固まったら、その実現に向けプロセスに分解してみます。プロセスごとにポイントとなる小さい目標を明確にしておく。これが俗に言う「マイルストーン」というものです。

　プロジェクトのマネジメントは大事ですが、新奇性の高いプロジェクトほど、工数管理やガントチャートといった管理手法とは相性が悪い。クリエイターの作業が行きつ戻りつするのと同じです。細かく進行管理するよりも、まずはミッション遂行のために

BRIDGING PROJECT_CASE 6

TATAMO!（タタモ！）

衰退の著しい畳産業における新商品TATAMO!。トーン&マターは事業体制構築をサポートした。畳の材料にはならない廃棄されていた短いイ草を、デザイン性が高く施工も簡易なフローリングとして有効活用。イ草文化の再活性化というヴィジョン、そのために新しい畳の価値を発信するというミッションに対して、クリエイターと連携し事業開発を行ったプロジェクト。

–
>>> http://www.tatamo.jp/

実現しなければいけない要点を明確にし、メンバー各自が何をしなければならないかを明確にすることが重要です。

　設定されたミッションは、安易に変更すべきではない。でも、現実に即して柔軟な対応が求められることもあります。初めの設定に固執するばかりで、ヴィジョンの実現につながらない状態なら、改めて機能する目標設定を立てなければなりません。メンバーを鼓舞する、分かりやすく具体的なミッションを。

● **ヴィジョンとミッションのしびれるカクテル**

　ヴィジョンでは面白さを一つの判断基準としましたが、ミッションでは現実性を重んじます。この相反する要素が混じり合うと、不思議な味のカクテルができ上がります。このカクテルにチームのメンバーとしびれさせる味がなければ、そのヴィジョンとミッションのセットはまだ未完成です。

　「しびれ」が起こるのは、ヴィジョンが要求するミッションと現状とのギャップを埋めるために何をすべきか、各自の頭が回転している証拠。課題や困難に出くわしても、メンバー全員が前を向き進む気概をもつ。そんなレベルにまで、ヴィジョンとミッションを高めていきましょう。

MISSION（ミッション）のつくり方

MISSION（ミッション）とは、
VISION（ヴィジョン）の具現化のためには、
何を実現しなければならないのか？

このプロジェクトでは、

```
┌─────────────────────────┐
│                         │
│                         │
│                         │
└─────────────────────────┘
```

を実現する。

- ☐ 到達しなければならないことを明示できているか？
- ☐ 具体的な「数字」で示せているか？
- ☐ ギリギリ実現可能なハードルになっているか？
- ☐ ヴィジョン具現化への道筋を示せるか？

2-6　プロジェクトをデザインするための３つの心得

　ヴィジョンは目指す宝島、ミッションはそこまでの航路といえます。そして、コンセプトはクルーのこだわり。これらが固まったら、次にやるべきは航海に乗り出す船の点検や準備です。プロジェクトを構成する資源と、それぞれが今どんな条件であるのか、一つひとつ見直していきます。

　ブリッジングプロジェクトで成功するのは、安易な進め方に逃げない人。新規事業の難しさゆえに、過去のやり方の部分的な修正に逃げてしまいがち。でも、簡単に応用が効くと思ったら大間違いです。失敗したときの免罪符を用意するために、あえて過去のやり方を踏襲するのはやめにしましょう。物事の本質をとらえて、外部メンバーの力を借りながら道を切り開いていけば、予想以上にシンプルで効率的なルートで、プロジェクトの成功に近づけるはずです。

　「経営資源はヒト・モノ・カネ」とよく言われますがその通りです。それぞれの要素をどのように組み立てなければいけないのか、このタイミングで注意深く考えておくことがすごく大切です。どんな船に、誰を乗せるのか。どうやって金勘定を合わせるのか。港にいる間に思い切り悩んでおくべきです。ひとたび大海原に漕ぎ出せば、資源を再構成するのは容易ではありません。

　次章から順にブリッジングプロジェクトの具体的な手法となる、「チーム」「オーダー」「マネー」のデザインについて、それぞれ説明していきます。ここではまずその３つに関して、どのように臨むのか、その心得を解説していきます。

①「チームのデザイン」に取り組む前に

　まずは「チーム」について。まさに経営資源のヒトにあたる部分です。過去に多くのプロジェクトに参画させてもらった僕らの経験からいえることですが、価値観やスタンスは、チームビルディングの成否に大きな影響を与えます。実際にチームの編成や運営を考える前に、肝に銘じておくべきことを整理しておきます。詳しくは第3章で考えていきます。

・好き嫌いに流されない
　誰だって嫌いな奴と組みたくない。一方で、どんなにお気に入りでも、役割を果たさない人間はチームに必要ありません。もしあなたが新しいプロジェクトの人選に関わるのなら、好き嫌いには流されず様々な視点で考えること。

「人柄のいいメンバーが集まったので、きっとうまく行きますよ！」

　メンバーの性格のよしあしも大事だし、キャラクターのユニークさも重要なファクター。ただ、性格や気質のよい人がそろえば成功するというのは夢想でしかない。仲よしグループのために仕事をわざわざこしらえるのと、メンバーが良好なコミュニケーションのもとでハードな仕事に向き合うのとでは、180度異なります。本当に必要な人材か、じっくりと吟味することが重要です。

第2章　マインドセットをデザインする —— プロジェクトのあるべき姿を考える

・**やりやすさだけでなく、挑戦を共有する**

　好き嫌いでは仕事相手を選ばないと自負している人でも、「やりやすさ」という観点ではどうでしょうか。たいていの場合、組織の内側と外側のメンバーを選出する際には、やりやすさという評価が入ってきます。

　やりやすさは、好き嫌いという稚拙なレベルではなく、指示系統の伝達がスムーズだとか、ハンドリングしやすいという点で、決して無視してよい基準ではありません。ただ、そこに一歩踏み込んで、「挑戦」を共有できているかという評価軸を掛け合わせてほしいのです。

　少し感覚的な話になりますが、僕が重視している一つの経験則があります。それは、初期の打ち合わせで、自然と「これは面白くなりそうだ」と各メンバーの口からセリフが出るプロジェクトの成功率は高いというもの。僕はこのことから、挑戦への好奇心にあふれたメンバーがそろうとプロジェクトは成功率が高まる、そんな仮説を立てています。ほとんどのプロジェクトで難航する局面でも、こういうメンバーがそろうとすんなり越えていける。これは、きっと、行動科学や数理分析で証明しようとすればできることじゃないかと考えています。

　これまでにあった何らかの経験の記憶が、彼や彼女に「面白くなりそうだ」と言わせているのに違いない。未知のものを受け入れ挑戦に前向きな個性は、チームにとって重要な可能性の源泉となり得るのです。

やりやすさではなく挑戦の共有

②「オーダーのデザイン」に取り組む前に

　2つめはクリエイターへのオーダーについて。これは、経営の3資源のうちの一つ「モノ」を、的確にクリエイターにオーダーする重要なプロセスです。詳しくは第4章で考えていきます。

　その前段として、ここでは組織内や市場の情報をどのような姿勢でとらえるべきか整理してみます。

　簡単な二択クイズをやってみましょう。○か×か？ 直感で答えてください。
1. よいアイデアをつくるためには、なるべく多くのメンバーで知恵を出し合ったほうがいい。
2. プロジェクトの予算や与件などの情報は、組織内の少人数で扱うほうがよい。

　どうでしょうか？ 僕の答えは、実はどちらも×です。
　アイデアはみんなで考えてつくり上げたほうがいいというのは、たいていは間違っていると思います。少なくともプロジェクト型の仕事の場合は、そうでないことのほうが圧倒的に多いように感じています。餅屋にはかなわないという話は繰り返ししてきましたが、クリエイティブに関しては素人が何人集まろうが、ほとんどの場合は質の高さで玄人に太刀打ちできません。組織内か外部かは関係なく、真のコアメンバーだけでアイデア出しは行うべきです。

　でもアイデア出し以上に、2.のほうがもっと意外に思われるか

もしれません。これは、どういうことでしょう。

・「重要な情報」こそ外部と共有する

　ここで確認しておきたいのは、かなり重要な情報ですら、外部のメンバーを巻き込んで整理を進めたほうがいいということ。読者の皆さんには受け入れがたいことかもしれません。予算やら収益分岐すらに、わざわざ部外者を巻き込むことは無駄ではないのか、それこそ、こちらが餅屋の領域なんだ、と。

　僕らは、創造的なアイデアをプロに任せるだけではなく、自らの置かれている状況や組織の可能性や課題についても、プライドに固執することなく外部の人とオープンに議論し、価値ある情報を吸い上げることが有用だと考えています。前提の条件に思える情報も、存分に善玉ウィルスを活用して新しい視点で見直すべきなのです。クリエイティビティとはほど遠く思える客観的な情報の整理にこそ、思考の自由度を上げて臨みましょう。

　実際に、組織内の情報整理がうまく行っておらず、その精度を高めなくてはならないことは多く、プロジェクトの立ち上がり時にひどく遠回りを強いられるのです。特に、状況や条件の把握が安易で雑なことが多いように感じます。常識のように思い込んでいる条件や、検証するまでもないと思える情報についてこそ、メスを入れるべきです。

・与件を要件として整理する

　プロジェクトは物事を見通す「予見」から始まる。ややこしいけど、予見は「与件」を整理することで見えてきます。与件とは

与えられた条件の意味。問題は、この与件が組織内の固定概念から「与えられたもの」として、決まりきった内容として提示され、それを土台にすべてのことが動き出してしまうことです。

これには、大きなリスクが伴います。例えば、本質的な課題がありきたりな与件の外にある場合は、どれだけその与件に準じてプロジェクトを進めても、成果は出ません。また、与件に連動して提示される活用すべき組織内のリソースについても、まったく客観的でなく的を射ていないことがあります。

本当にその条件設定が正しいのか、そもそもの根拠はどうなっているのか？ せっかく新しいことに着手しようというのに、条件整理の時点で手足がもがれていては動けません。

僕らはふだん、担当者を中心とした組織内のメンバーが使命として整理した前提条件や目標値に対して、問いを投げかけます。すると、見落としていた問題や新たな可能性が見つかるものなのです。

すべての先入観を取っ払って考え直しましょう。本当にその与件が、正しいゴールへと導いてくれる情報なのか。そして、必要なものは何かを要件としてまとめていきましょう。

前提条件もクリエイターと共有する

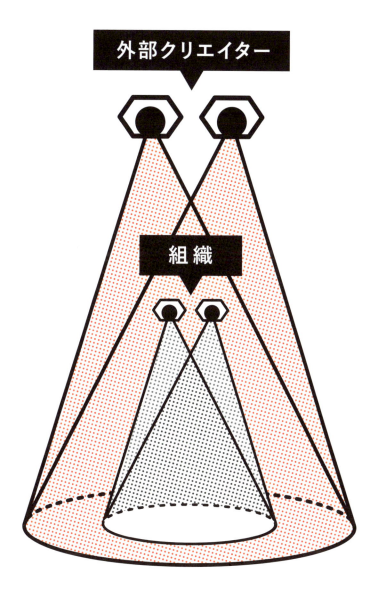

③「マネーのデザイン」に取り組む前に

　3つめは、マネーについて。クリエイターとのコラボレーションならではの、お金の「稼ぎ方」と「かけ方」については、第5章で考えていきます。

　労働やアウトプットの対価について、組織内の人間と、個人のクリエイターとの間には大きな認識のギャップがあります。ときにはプロジェクトを破綻に導く揉め事の原因となる「お金」について、どのようなスタンスで臨むべきか確認しておきましょう。

　お金や時間をかけた結果として得られる利益。これを大きくするためには、ケチるところを含めて「どのようにお金や時間をかけるか（かけないか）」のデザインが必要です。クリエイターへのフィーや制作費など、外部に支払うコストは、予算の精査プロセスで「見える化」するので、増やすか減らすか、どこにかけるのかの議論が起こりやすいもの。

　問題は社内の人件費、つまりそれぞれの給与です。これはなかなか目に見えないし、意識に上りにくい。プロジェクトを立ち上げる際にすり合わせが必要なのは、実はこの部分だと思うのです。

　多くの人間が関われば、その分だけ人件費もかかる。人数が多ければ多いほどコミュニケーションロス（時間とそれに見合ったお金の損失）も発生してしまいます。組織は外部に払うコストには敏感でも、不思議と内部のコストには寛容すぎると感じることが少なくありません。

・クリエイティブを給与で換算しない

　そもそも、あなたの30万円の手取りと、外部のクリエイターへのフィー30万円は、ちっとも等価ではありません。1人の人間を雇うために会社が払うコストの大きさは、給与の約2～3倍。会社や役所などあなたの所属する組織は、あなたが使う資材や交通費、福利厚生費や働く場所の家賃や光熱費まで払ってくれています。

　ところが個人であったり小さな組織に属すクリエイターが受け取るフィーは、給与ではなく売上です。ここからあまたあるコストを払わなければいけない。見積もりを受け取った際に、その対価をサラリーと比べるのではなく、互いをリスペクトした上で金銭的な評価軸をもつことが大切です。

「そんな高いギャラ払うんだったら自分でやりますよ」

　そういうあなたに支払われる"ギャラ"はいくらなのか、真剣に考えてほしいのです。

　個人的な体験ですが、英国の大先輩のクリエイター集団に見積もりの根拠を聞いたことがあります。彼らは日本の大企業相手に数億円の見積もりを出し、契約に至っていました。トータル10数名の組織の工数を積み上げるだけでは、どう計算してもそんな額にはならない。どのように数字を弾き出したのかと聞いたところ、逆に質問を返されたのです。

「なぜ、『自分のアウトプットは、それだけの価値がある』と言わないんだい？」

　彼らは、クライアント組織にとってそのアウトプットの価値がとても重要なものであり、どれだけ大切にしてほしいのかリスペクトを込めて値付けをしていたのです。
　クリエイティブの生み出した価値はいくらか。給与や工数の積み上げでなくシンプルな指標を、組織とクリエイターの両者がもっているとよい世の中になる気がしています。

・時間はクリエイターの重要な資源
　さらに時間の面で見ると、クリエイターの仕事はシビアでタイト。安定的な組織に属している人にとっては、毎月給与が払われるのは当たり前のこと。プロジェクトに割く時間が減ろうが増えようが、給与は変わりません。でも外部からの参画メンバーはそうではないのです。
　プロジェクトに関わる時間は、それがなければほかの仕事をできた時間です。期間が延びてもフィーの追加がないのであれば、利益率は悪化します。プロジェクトがデッドロックに差しかかり、今日も明日も先の見えない会議の連続で……となれば内部メンバーも疲弊するのは確かですが、外部から来たメンバーにとっては死活問題。ブリッジングプロジェクトでは、ふだん以上にスケジュールの策定や変更には注意が必要です。思っているよりも外部のクリエイターにとってインパクトがあることを忘れずに。

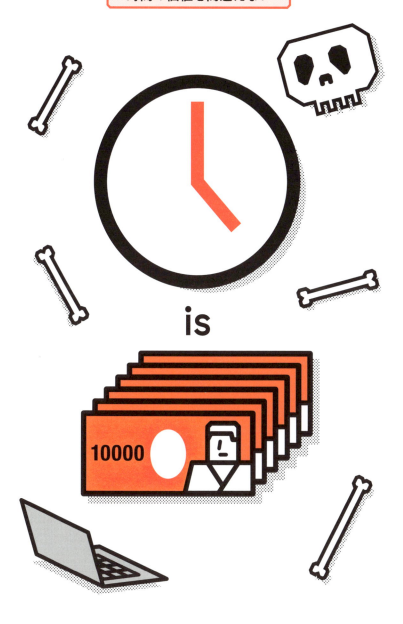

第2章 マインドセットをデザインする — プロジェクトのあるべき姿を考える

BRIDGING PROJECT_CASE 7

上勝町 ごみステーション リノベーション

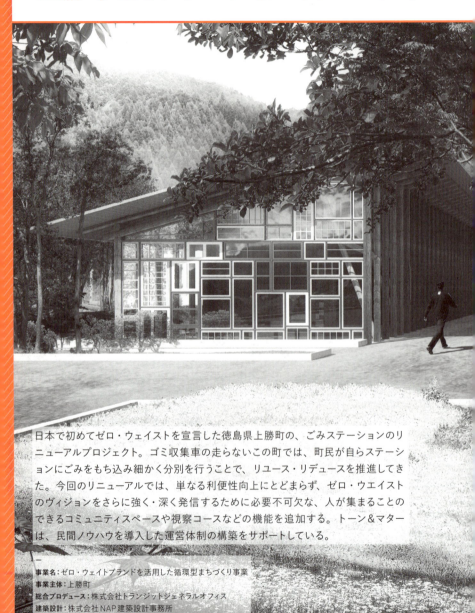

日本で初めてゼロ・ウェイストを宣言した徳島県上勝町の、ごみステーションのリニューアルプロジェクト。ゴミ収集車の走らないこの町では、町民が自らステーションにごみをもち込み細かく分別を行うことで、リユース・リデュースを推進してきた。今回のリニューアルでは、単なる利便性向上にとどまらず、ゼロ・ウエイストのヴィジョンをさらに強く・深く発信するために必要不可欠な、人が集まることのできるコミュニティスペースや視察コースなどの機能を追加する。トーン＆マターは、民間ノウハウを導入した運営体制の構築をサポートしている。

事業名：ゼロ・ウェイトブランドを活用した循環型まちづくり事業
事業主体：上勝町
総合プロデュース：株式会社トランジットジェネラルオフィス
建築設計：株式会社NAP建築設計事務所
コーディネーション：一般社団法人地職住推進機構

第3章

チームをデザインする
── どう編成し、どう運営するか？

いわゆる3つの経営資源と言われる「ヒト」「モノ」「カネ」に関係付けて、この第3章から、4章、5章と順にブリッジングプロジェクトを推進する方法について解説していきます。この章ではまず「ヒト」の切り口で、チーム編成とチーム運営について考えていきます。

　いうまでもなく、チームの力量はプロジェクトの成功に大きく作用します。もちろん、それですべての成果が確定するわけではありません。むしろ、各メンバーが何を求めてどのようにプロジェクトに関わり、進めていけるのか。プロジェクトを進めていくなかでのメンバー相互の学び合いがゴールを左右するのです。

　ブリッジングプロジェクトのチーム編成には2段階あります。最初に「組織内のチーム」を編成すること。次に外部の才能を招き入れ、全体の「プロジェクトチーム」を編成することです。
　ここで押さえておきたいことは、組織内のチーム編成が圧倒的に重要であるということ。組織内のチームワークができていない状態で外部の才能を招き入れても、うまく行きません。

　新しい価値の創造を目指すのなら、変化に柔軟で、機動力のあるチームにしたい。そして個々の才能を最大限に引き出すチーム運営を行うこと。編成と運営、両面のデザインがブリッジングの第一歩です。

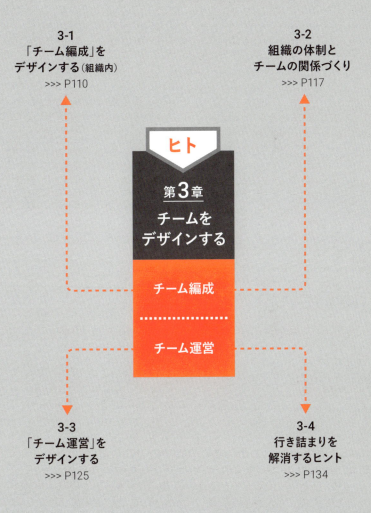

3-1
「チーム編成」を
デザインする（組織内）
>>> P110

3-2
組織の体制と
チームの関係づくり
>>> P117

ヒト

第3章
チームを
デザインする

チーム編成

チーム運営

3-3
「チーム運営」を
デザインする
>>> P125

3-4
行き詰まりを
解消するヒント
>>> P134

第3章　チームをデザインする —— どう編成し、どう運営するか？

3-1 「チーム編成」をデザインする（組織内）

　これから組織内にチームを編成するなら、用意周到に取り組みましょう。すでに編成されているなら、そのチームがどのように機能するのかを、再確認していきましょう。

　あなたが、組織内チームのメンバー選出に一定の権限のあるリーダーなら、その責任と可能性に向き合ってください。そうでない場合も、リーダーに働きかけ、メンバー編成のために共に知恵を絞る必要があります。
　役職を問わずプロジェクトをリードする意志をもった人が、チームをデザインする。これ以上の方法はないと思うのです。

　ここから、チーム編成の要点を3つ解説していきます。従来の組織のルールから少しはみ出す覚悟で、機動的で課題に対して前向きに取り組む組織内チームづくりを志向しましょう。

① チームのサイズは小さく始める

　チームは小さくていい。具体的な業務やタスクが増えてきたら、それに合わせてサイズアップをすればいいのです。
　プロジェクトはヴィジョン／ミッション／コンセプトを策定し、チームで完全に共有するところから始まります。このフェーズでは、概念や意識のすり合わせに、かなりの時間を要します。人数の多さは、時間的・精神的なロスの大きな原因。だからこ

そ、スタート時のチームは小さく、コミュニケーションの濃度を上げたほうがよい。

　ヴィジョンの共有がスムーズに行かない。ミッションの策定で紛糾。初めはそんな混乱が起こります。混乱のさなかにあっても、小さいチームなら軌道修正が可能。みんなが昨日言っていたことと違うことを言い出しても、意識を共有する少人数のチームなら問題が大きくなりません。

　今後、この小さなチームが外部のクリエイターと組み、そこからブリッジングプロジェクトは動き出します。==チャレンジ精神が強く、未知への好奇心が旺盛なメンバーに限定してスタートすることが肝心です。==

　最初のチームが作業に着手するなかで、組織内からの人材投入はまだ必要か、外部の才能にしか遂行できない業務は何か、もしくは不足しているのは全く別の経営資源なのか、徐々に課題が明らかになってきます。次の一手が「見える化」されるわけです。

② 多様なチームメンバー

　ブリッジングプロジェクトでは、通常の業務では求められなかった、あるいは隠れてしまっていた感性や創造性を発揮することが可能です。このことに魅力を感じてくれるメンバーを選びましょう。新しいことを生み出すには、いつもの仕事の枠組みを超えた多様性が不可欠です。

　メンバー選定では、多様な個々の候補者をつぶさに観察することから始めます。彼や彼女にはどんな強みがあるのか？ そして

何かを得る好奇心で集まる「多様なメンバー」

第3章 チームをデザインする ── どう編成し、どう運営するか？　113

このプロジェクトに関わることに、どんな意味があるのか？

　キャリアアップのきっかけを得る。スキルが向上する。これまで表現されていなかった資質を表現できる。モチベーションはさまざまです。単にタスクや役割を振り分けるのではなく、メンバーの成長に与える影響を考えてみましょう。あいまいな「新しさ」や「難しさ」を与えるだけでは不十分です。プロジェクトに関わることで何を得るのか、そのためにはどんな機会を提供していかなければいけないのか。このデザインをおろそかにすると、各メンバーの能力を最大限に発揮してもらうことはできません。

　年齢や性別を問わずに選ぶのは当たり前。学歴や出身地などのバックグラウンドや趣味嗜好も、なるべくバラバラのほうがいいのです。バラエティに富んだメンバーの「まとまりのなさ」を管理する必要はありません。むしろそのまま、多彩な才能を生かすことができればプロジェクトにとって大きな戦力になる。その醍醐味を楽しんでください。

③ 未経験者の混在

　新規事業にまつわる課題の多さや責任の大きさゆえ、経験者を優先して配置したくなる気持ちは理解できます。新奇性の高いプロジェクトの経験者や、そこで能力を開花させ成果を出したメンバーの配置はとても重要です。一方で、組織での経験がマイナスに働く場合もあります。可能性を評価するよりも、これまでのやり方から見たリスクの評価に比重が偏ってしまうことが往々にしてあるからです。

未経験者の「突破力」

第3章　チームをデザインする —— どう編成し、どう運営するか？

僕は、組織内チームには「未経験者」の混在もありだと考えています。未経験者の「知らない」ということが、プロジェクトを活性化させるからです。実務経験があまりないメンバーの素直な意見や気持ちが、課題解決の突破口をもたらす場面に、何度も立ち会ってきました。何より、知らないからこそ、組織のもつ非効率性や矛盾にも気づくのだと思います。

　また、組織を変える原動力としてプロジェクトを位置づけるなら、未経験者の登用はなおさら大切です。ブリッジングプロジェクトでの経験を通じ、メンバーが変化していく。その価値観が組織内に広がることで新しい文化が生み出される。そう考えれば、次世代の人材に成長の機会を与えることで、組織の未来の可能性が飛躍的に広がるのではないでしょうか。

　スキルの重視は第一条件には違いありません。でも、思いもよらないアイデアを生み出す（かもしれない）メンバーの登用も検討してみましょう。

3-2　組織の体制とチームの関係づくり

　次に、あなたの属する組織の体制と編成した組織内チームの関係について考えていきます。チームが組織の体制において、どのような立ち位置にあるのか。また、どのように振る舞えるのか。

　いよいよクリエイターが参画してから、デザインやネーミング、あるいはレシピなど、アウトプットへの定性的な判断が発生します。あちらこちらから、ただの主観や根拠のない意見が差し込まれないよう、あらかじめ組織の体制におけるチームの位置づけをデザインしておく必要があります。

　組織の体制自体については、すべてをデザインすることは権限上、難しいことかもしれません。でも、何ができて何が難しいのか、体制の状況を把握することは「プロジェクトのカタチ」をできる限り理想的なものにするために重要です。

　プロジェクトに大きなコストとストレスをもたらすのが、決断・決裁です。新奇性の高いプロジェクトでは、実に多くのことを臨機応変に決めながら走らないといけません。大切なのは即断即決。ただ、一般的な企業や行政の組織は、指示系統に関わる人数が多く、決めるための手続きに時間とパワーが割かれています。この現実のなかで、チームと組織の関係をどう構築すればいいのかを考えていきましょう。

● 指示系統の外側に置く

　もしあなたにその権限があれば、もしくはその権限をもつ人に働きかけができる立場であるなら、チームは組織の指示系統の外側に出すべきです。

　このことによる効果は、2つあります。
　まず、第一に意思決定に関わる人数を限定できること。これにより、圧倒的にチームのストレスは軽減されるはずです。
　次に、メンバーを混乱から隔離できること。プロジェクトにもよりますが、多くのチームは縦に割られた組織間を横断した人選で編成されることになります。しかし縦割りが前提となる限り、メンバーは所属している部門とプロジェクトの両面でバランスを取らなければならず、もっている力を発揮しにくくなります。その点で、プロジェクトの期間中は既存の部門から離れられるような人事上の裏付けがあれば、メンバーの参画意識は強まっていきます。

　また、ブリッジングプロジェクトは社内から厳しい目にさらされます。

「なんで社外と組んでいるんだ」
「社外に支払うなんて」

　こんな組織内の横槍からメンバーを守るためにも、既存の指示

系統からの切り離しを図りましょう。

　とはいえ、全員が専任というわけにはいかず、所属している部門とプロジェクトの両方の仕事を行う人の参画も必要になるでしょう。そうした立場のメンバーには、残念ながらコアメンバーとしての役割を担ってもらうのは無理があります。あくまで局所的に活躍してもらう人材として、チームのデザインに反映させましょう。

　==新規事業のチームとして既存の組織から切り離されることは、メンバーの意識に強い影響を及ぼします。==これはよい面ばかりでなく、注意が必要です。
　プラスの効果は、責任感が出て、団結力が強まること。
　マイナスの効果は、そのプロジェクトに属していることが、すでに何かを成し遂げたという錯覚をもたらすこと。
　新奇性の高いプロジェクトを成功に導くまでには、混乱や困難がつきもの。華々しく見えるかもしれませんが、コツコツと積み上げなければいけないことだけです。
　肩書に「新規」「プロジェクト」「企画」などが入ったら、むしろキャリアにおいては勝負どころ、気を引き締めてかかるタイミングだということを、肝に銘じましょう。

● 最終決裁者との距離を縮める

　プロジェクトをスタートする際には、最終決裁権者が誰かを明確にさせておくべきです。組織内チームを支え、背中を押してくれるいちばん偉い人は誰なのか、それをはっきりさせるのです。

　そして「偉い人」なのだから、なるべく独りで決定や承認をしてもらう。会議で決定を下すことに慣れていて、単独での意思決定が難しくなってしまっているのも、今の組織の仕事が停滞する大きな原因の一つです。

　最近は社長直轄プロジェクトなど、取締役以上の誰かが最終決裁者、つまりプロジェクトオーナーとなっているプロジェクトも増えています。この場合、オーナーの判断が中間組織を介さずにチームに伝わるので、意思決定は格段にスピードアップします。また、そのプロジェクトオーナーに上司がいる場合でも、多くの決定事項をプロジェクトオーナーが決断できるよう権限移譲されていることが大半で、この場合もかなりの即断即決が可能になります。

　ダイレクトな関係である以上、チームからの報告や相談にも臨機応変であることが求められます。最終決裁者に正しい決断を仰ぐには、判断材料はしっかりと共有してもらわなければフェアではありません。

　社内チームと最終決裁者との間で、「感覚値」を含めてしっかり情報が伝わる距離感を保つ。それによって密なコミュニケーションを図っていくことが大切です。

BRIDGING PROJECT_CASE 8

大型再開発ビル リノベーション

20年前に再開発した駅前商業ビルのリノベーション事業。中層階にある公共施設と相乗効果の期待できる公民連携施設を導入するプロジェクト。行政と民間企業のコラボレーションにより、相互のメリットを生み出し、駅前ならではの子ども向けの環境を地元コミュニティに提供する。参画する複数の企業と行政が連携し、個々のメンバーの機動力を生かし推進するプロジェクト。トーン&マターは事業企画とクリエイティブディレクションに総合的に携わっている。

● よき理解者を増やしていく

　多くの日本の組織では、課長のレイヤーに属している人が、新規プロジェクトのリーダーとなって牽引しています。僕らもそんなチャレンジ精神旺盛な課長とご一緒しています。
　一般的には、このリーダー（とチームメンバー）と、取締役などの最終決裁者との間に、ただ「管理」をするためのレイヤーの人間が入らざる得ない現実もあります。最終決裁に至るまでに何度も決裁を繰り返す必要があるのです。
　先のように指示系統の外側にチームを置いたり、プロジェクトオーナーを立て、意思決定のプロセスをなるべくコンパクトにできればよいのですが、組織によっては難しい場合もあると思います。
　その場合には、（中間）管理の方に、チームが求めていること、ヴィジョン／ミッション／コンセプトを理解してもらうことが最善の道です。そして、組織内におけるプロジェクトの通訳者あるいは守護神となってもらうよう働きかけをしていきましょう。
　部下の挑戦を守り、後押しする管理職が大切です。僕が振り返ってみても、それこそが尊敬に値する人。創造性に豊んだプロジェクトは、いつもそういう上司に救われているからうまく行くのです。

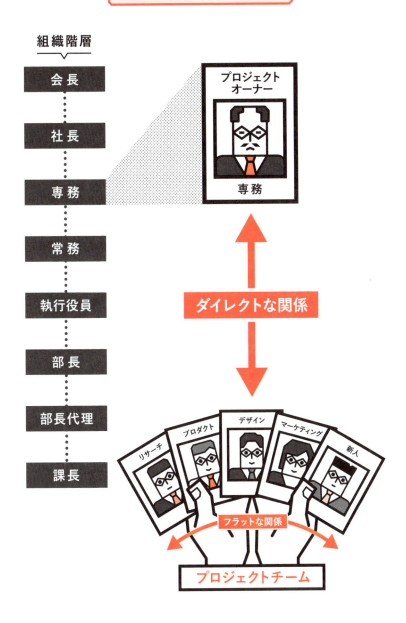

> チームの編成と運営の要点

組織内のチーム編成の要点

- [ ] 小さく始め、濃度を上げているか？
- [ ] 多様性に富んでいるか？
- [ ] 未経験者も混じっているか？

組織の体制とチームの関係づくり

- [ ] 指示系統の外側に置けているか？
- [ ] 最終決裁者との距離を縮められているか？
- [ ] よき理解者を増やせているか？

3-3 「チーム運営」をデザインする

　ここからはチーム運営について解説します。外部のクリエイターが手を組み、ブリッジングプロジェクトとして始動したあとにも、あるいはその準備期間であっても有効な運営方法を提示していきます。

　旧来の組織内に限定されたチーム運営と、外部のクリエイターを交えたブリッジングプロジェクトのチーム運営とでは、多くの点が異なります。特に注意しなければいけないのは、個々のメンバーに対し、どう働きかけるかです。

　新奇性の高いプロジェクトには、多くの未知の課題が立ちふさがります。メンバーに指示を与え、行動を管理することに主眼を置いた旧来のマネジメントでは、この困難を乗り越えるのは無理です。なぜなら課題そのものが、積み上げ型の思考で解決できるものではないからです。

　リーダーとなる役割の人はメンバーに働きかけながら、「指示と管理」という上下の関係だけではなく、チームが力を発揮するための場を醸成しなければいけません。メンバーが自律的に成長していくようなチーム運営の実現が不可欠なのです。

　ここからは、そのようなチーム運営に欠かせない3つの考え方、「ファシリテーション」、「リーダーシップ」、「コラボレーションの環境」について解説していきます。成功したプロジェクトをみると、いずれの要素も確実に存在することが分かります。

チーム運営の3つのポイント

1 ファシリテーション

2 マルチリーダーシップ

3 コラボレーション

① ファシリテーション

「どのように、新規事業をマネジメントしたらよいのでしょうか？」

　そもそも創造性や新奇性を求めるプロジェクトを完全に「管理」することなんてできません。今や市場の変化の速度は格段に上がっていて、ビジネスに安定などない。具体的な売上高や利益率でみた企業ランキングを、数十年単位で見返してみても明らかです。

　だから長きにわたって組織内で行われてきた「マネジメント」を疑うことから始めましょう。過去には過去の、マネジメントする対象や目的がありました。これからのプロジェクトには、これからのやり方がある。

　今までのマネジメントの主眼は、スケールメリットを求めてプロジェクトを大きくし、反復可能にするために定型化させることだったと思います。目標の達成を阻む課題が目に見える形で立ち現れたとき、それを解決すべくマネージャーはメンバーに指示を出せばいい。これが今までのマネジメントでした。

　しかし新奇性の高いプロジェクトでは、課題自体がはっきり把握できない状況に巻き込まれます。これを解決するには、単なる「指示ありき」「指示待ち」の仕事のやり方では対応できません。

　これからは従来型とは異なり、個々のメンバーに、その知見や見識を自発的かつ最大限に発揮してもらうための新しいマネジメントが欠かせません。外部のクリエイターはもちろんのこと、内

部のチームメンバーが秘めるこれまでに発揮する機会のなかった能力にも働きかけなければ、本当の意味でのチームにはなり得ません。

プロジェクトの成果を最大化するには、チームによる作業プロセスのなかで現れるクリエイティビティの断片を拾い上げて「見える化」し、さまざまな関係者（ステークホルダー）に対して説得力をもつよう、一つの価値に合わせる作業が必須。ファシリテーションとは、暗中模索の作業のなかでメンバーのクリエイティビティを引き出すことにほかなりません。

言い換えれば、プロジェクトを遂行するプロセスのなかから、目標を実現するための価値ある何かを発見し、徐々に目に見えるものとして組み上げていく。そのためのメンバーに対する働きかけがファシリテーションです。

2番目の要素（マルチリーダシップ）にも関係しますが、特定のファシリテーターに頼るのではなく、このファシリテーションの意識をメンバー全員がもつことが大切です。そうした場の醸成によって、外部から参画するクリエイターの力も最大限に引き出されていきます。

② マルチリーダーシップ

チーム運営の議論になると、とかくリーダーシップの手法に話が集約されがちです。定型的で明確なやり方が見えている業務であれば、単一のリーダーによる指導や牽引で成果を上げることができるのかもしれません。でも、新奇性を求める場合には、それ

だけではうまく行かない。組織内のメンバーだろうが外部のクリエイターだろうが、ブリッジングプロジェクトが目指すのは、総力戦です。

メンバーが局面ごとに各自で動きを考え、チーム内で考えを共有しながら進めていく。指導者がフィールドの脇から指示を出すサッカーよりも、観客席から俯瞰し選手の自主性に多くを委ねるラグビーのイメージに近いのかもしれません。

各自が得意分野のスキルを発揮し、局面ごとに成果を積み上げていく。そのためには、どのメンバーでも局面に応じてリーダーシップを発揮できる関係をつくっておくことが大切。それぞれが自ら責任を取り、次のアクションを提案できなければ、新奇性はその場限りのものとなり、発展していきません。

チーム内の関係は、なるべくフラットであるべきです。特にブレストなどの個人の意見を求めるシーンでは、階層やヒエラルキーは極力排除するのが望ましい。当然ながら、外部のクリエイターの意見も同等に扱いたいものです。外部だからといって軽視することは絶対にあってはなりません。

ブリッジングプロジェクトでは、参画者のパフォーマンスを可能な限り生かすよう心がけてください。その視点に立てば、組織内も外部もないのです。

その上で、チームのなかで意見が割れたとき、各自の意見に耳を傾けながらまとめ上げるのがプロジェクトのリーダーの役目です。ときには最終決裁者と折衝し、最終判断を仰ぐ。これが、本質的なリーダーの役割。メンバー各自が局面ごとにリーダーシップを発揮しやすいフラットな議論を可能にし、同時に、そこに水

を差されぬよう組織のなかでのチームの存在を守る。大変な仕事ですが、やりがいはあります。

③ コラボレーション環境

　組織内のメンバーと外部のメンバーとのコラボレーションを円滑に進めるために、個々のアウトプットがスムーズに行き交うよう、「働く環境」を配慮することも必要です。

　今は、プロジェクトの推進に活用できるインフラやツールがそろっています。クラウドサービスによるリアルタイムなファイル共有、ピア・ツー・ピアの会議ツールによる場所を問わないコミュニケーションなど、ネットとモバイルが格段にチーム運営のパフォーマンスを上げてくれます。使えるものは使っていかないと、これからは生き残れません。1人当たりの生産性の低下が問題になっている日本では、たかがツールと軽視するわけにはいきません。

　その際に必ず問題となるのはセキュリティです。守秘義務やプライバシーなどは、当然のことながら無視してはいけない事柄です。しかも、著作権については今後、クリエイター側からの守秘の要求水準が上がる領域なので、関心はもっておくべきです。

　一方で、組織の側が過度なセキュリティ保護をルール化してしまったために、プロジェクトの円滑な推進を阻害している面が多々あるように思います。その目的は、ビジネスのために漏洩してはならない情報を守るということのはず。でも僕は、知っていますよ。昼間に、添付ファイルにパスワードをかけてメール送信

しているビジネスマンや官僚の皆さんが、夜には、「ここだけの話ですけど」と新橋の飲み屋でダダ漏れに近い話をしていることを。それ自体は、一定のリスクヘッジを前提とする仕事のために必要なコミュニケーションでもあると思います。言いたいことは、もう少し臨機応変に対応してほしいということです。

　メールに添付するファイルのパスワードくらいはよしとしても、セキュリティ上の理由でテレビ会議すらできないといった、効率的な情報共有が妨げられている事態を放っておくべきではありません。ブリッジングのような新しい方法を広げ、イノベーションを起こしていくためには、組織の側がビジネスのためにどの情報を守り、どの情報をシェアするのか、そのポリシーを再考すべき時期が来ています。

　デジタルやネットだけでなく、リアルスペースでのセキュリティのあり方に踏み込んでいる先進的な事例もあります。例えば、個人のクリエイターとのつながりやコラボレーションを目的とし、シェアオフィスに企業のメンバーが席を置く試みなども、その一つ。企業のオフィスや役所の一部にセキュリティを取り払ったワークスペースを設け、外部メンバーの出入りを可能とした例もあります。

　ワークスペースのデザインなどにも関わってきた身としては特に、組織の内部と外部を問わずチームメンバーであれば自由に入れる「プロジェクトルーム」の設置は、非常に効果的だと考えています。メンバー間のコミュニケーションの誘発は言うまでもありません。プロジェクトが始まるとアウトプットや参考資料、サンプルなどの物理的なモノがどんどん蓄積されていきますが、こ

れらのモノに囲まれた部屋は、メンバーのプロジェクトへの集中力を強めるためにも有効です。生産性に満ちた"部室"、こう表現すればイメージしやすいでしょうか？

　まだまだ導入されたオフィスは少ないのですが、プロジェクトルームがあれば、会議とは別に常時、メンバー間の情報交換やアイデアのブラッシュアップが行われるでしょうし、外部のクリエイターが、新たな才能を連れてくることもあるでしょう。その結果、思いもよらぬ着想を得たり、プロジェクトの致命的な欠陥を見つけたりといった可能性も高まります。まさにブリッジングプロジェクトに向いた部屋と言えるでしょう。

　ITサービスを使うのであれ、リアルな仕事場を使うのであれ、物理的にも心理的にも外部と内部の隔たりをなくし、創造性を発揮しやすくする環境を整えてください。ブリッジングプロジェクトはよりいっそう、成功に近づくはずです。

BRIDGING PROJECT_CASE 9

SL

現在運行中の蒸気機関車に、地域活性化の要素を盛り込み、乗客に提供する新しい体験をデザインするプロジェクト。鉄道、企画、設計、街づくりなどのプロフェッショナルが専門性を超え、地域資源の可能性について議論し新しい価値の提供に向けて取り組んでいる。

3-4　行き詰まりを解消するヒント

　ブリッジングプロジェクトであろうとなかろうと、新奇性の高さにチャレンジするプロジェクトでは、組織内の事情から中止命令を突き付けられることがあります。そこまでシビアでなくとも人事異動が引き金となって遅延したり、行き違いがあって停滞したりすることが残念ながら発生します。こうした不測の事態に対しては予防線を張り、大きな問題となるのを避けていきましょう……可能な限り。

　以下に紹介するのは、プロジェクトの推進がデッドロックに陥らないためのコツや、行き詰まりを解消するためのヒント。いずれも小さなことのようで、実は決定的な力をもつことが多い、僕なりの経験則のようなものです。組織やチームの置かれている状況に応じ、参考にしてもらえればと思います。

① 組織内外の視点や評価を活用する

　組織内からの否定的な意見は、外部からの評価、特にメディアに取り上げられたりすれば、あっさりと収まったりします。

　知らないことに対する恐怖心から、あるいは世の中にないものを評価する軸がないために、新奇性の高いプロジェクトに対して否定的になる人は少なくありません。そうした根拠のない懸念や疑念を抱いている人は、メディアという理解しやすい評価軸に触れることで不安が解消されるのでしょう。プロジェクトが完成してからメディアに発信しようとおっとり構えるのではなく、プロ

ジェクトのプロセスにも外部の視点を巻き込み注目度や評価を上げることを意識しましょう。

　これは否定的な意見を封印するためだけでなく、情報発信のために改めて魅力や課題を整理し、プロジェクトを客観的に検証する機会にもなります。

　マスコミ以外にも、チームメンバーとは別の外部の専門家やオーソリティから評価をもらうことも当然ながら有効です。その意見や判断によってプロジェクトの質が上がる効果もさることながら、そうした人からのお墨付きがあれば、メディアのそれと同様、無駄な心配も軽減されますし、「反対勢力」からのガードにもなります。

②「証拠書類」を共有する

　ブリッジングプロジェクトを進める上で、最大の敵は人事異動です。特にプロジェクトのチームメンバーが変わることで、すべてが水の泡となることがあります。完全に回避できるかどうかはともかく、かけられる保険はかけておくことが大切です。

　まず、プロジェクトのリアルな部分をしっかり刻み込んだドキュメントをつくり、常に更新し、本来の意義を共有しておくことがその備えの一つとなります。プロジェクトの中身、ヴィジョン／ミッション／コンセプトから、具体的なクリエイティブなどの成果までがドキュメントとしてまとまっていれば、メンバーが変わってもプロジェクトがブレることは少なくなります。

　書類は組織の上層部に対する情報展開にも活用できます。プロ

ジェクトの予算のみを承認してもらうのではなく、プロジェクトそのものの価値を認めてもらうこと。それができていれば、ちゃぶ台返しのリスクはだいぶ低減できます。

　また、書面によって一度承認を取ったものと口約束によるものとでは、かなり重みが違います。特にブリッジングしたクリエイターのアウトプットを反映させたドキュメントを、オーソライズしておくことの効果は絶大です。僕らも成果品として収めるドキュメントの存在に何度も救われたことがあります。道義的にも契約的にも引き返すのは無理や無駄があると説明できるよう、書面を残していくことは重要です。

③ 賽が投げられた状態をつくる

　プロジェクトを一刻も早く「もう破談にできない」状況にすること。つまり、対外的な責任が発生する状況を早くつくることが重要です。そこまで進んでいれば、組織内の力学だけで止めることは難しくなります。ここで言う対外的な責任とはもちろん、参画するクリエイターに対する発注にまつわるものです。会社間の契約、役所に対する申請といった社会的に公開された重みのある手続きをきちんと踏んでいると、いっそう効果的です。

　こうした対外的な手続きは、前に向かって進む際の通過点であるわけですが、当然ながらプロジェクトの生み出す価値を明確にしなければ通り抜けられない関所です。実際のところ、この対外的な責任というのは、たいていは組織の側（クライアント側）に課せられるものですが、それによってクリエイターを含めたプロ

ジェクトチームが果たさなければならない責務も明確になるわけです。

　組織内はもちろん、クリエイターとの間でも、その重みをしっかりと共有し、同じ緊張感をもってもらいましょう。まさにプロジェクトを推進するためのマイルストーンとなるのですから。

行き詰まりを回避するヒント

- [ ] 組織内外の視点や評価を活用する
- [ ] 「証拠書類」を共有する
- [ ] 賽が投げられた状態をつくる

BRIDGING PROJECT_CASE 10

コッコレかないわ

© Hiroshi KUROKAWA

金沢駅から車で15分ほどの金石港に位置する、小さい丘のような複合施設。「人口減で活気が失われつつある金石町のために何かしたい」と、地元建設会社がスタートさせたプロジェクト。この思いに賛同した建築家と共に、グラフィック、フード、グリーンなど各分野のクリエイターを巻き込み、構想から約3年をかけて開業に至った。トーン&マターは事業構想・計画、施設コンセプト、ネーミング、飲食プロデュースなど総合的に携わった。

—
経営・運営・施工：加賀建設株式会社
建築設計：株式会社ナカエ・アーキテクツ
グラフィックデザイン：morld
フードディレクション：つむぎや
グリーンディレクション：SOLSO
>>> http://coccolle-kanaiwa.jp/

第4章

オーダーをデザインする
―― 何を、誰に、どのように依頼するのか？

組織内にチームを編成できたら、次のステップに進みます。外部のクリエイターを招いたブリッジングチームよる、境界を超えたコラボレーションの始まりです。

　ブリッジングが最大限の力を発揮できるよう、第4章ではクリエイターへのオーダー（依頼）をどうデザインするかという観点から考えていきます。これはクリエイターとの「関係性」の話でもあるのですが、それでは抽象的になりかねないので、プロジェクトの成果（モノやコト）を前提とする、具体的な依頼の仕方をまとめています。
　そもそも、クリエイターに依頼する意味と意義をゼロから考え直してみましょう。その上で、必要とするクリエイティブは「何か」、そして「誰に」「どのように」依頼するのか。それぞれ順を追って、まとめています。

　依頼する、注文する、指示する……オーダーというのは多くの人が思っているほど簡単ではありません。頼むべき人に、頼むべきことを伝えるだけではなく、オーダーされる側のモチベーションを高める視点が大切です。特に、関わる全員が当事者としてコミットするために何が必要かを考えていきます。

　人を巻き込むためには、覚悟と責任に裏打ちされた働きかけが必要になります。まず依頼のやり方を身につけ、プロジェクトチームを団結したものにまとめ上げていきましょう。

第4章 オーダーをデザインする —— 何を、誰に、どのように依頼するのか？

4-1　クリエイターに何を求めるのか

　まず、どんなクリエイティブが必要なのかを把握することから始めましょう。あるいはシンプルに、「プロジェクトに不足している創造性や新奇性は何か」を探し出すことから。何を頼むのか分からなくてはクリエイターとの関係をつくりようがありません。「何を当たり前のことを！」と思われるかもしれません。でも、実は、この依頼する内容を把握する段階においても、ミスを重ねてしまいがちなのです。

　過去にプロジェクトの一部分を外注した経験があるから大丈夫、という思い込みはクセモノです。部分的な外注では、「プロセスを共に学び、組織のもつ非常識を是正し、新しい文化をインストールする」というブリッジングプロジェクトの3つの効果の発揮は期待できません。

　特に過去の実績から懇意の外注先を抱えていたり、そこに頼みやすい業務内容がある場合、ついその枠内に収まる内容から始めてしまいがちです。しかし、それはまさに経験からくる悪癖と言わざるを得ません。古くからのお決まりの相手というのは、組織の内部の人間に近いものだと思ってください。向き不向きの判断をせず、やりやすいからと依頼する。それでは、プロジェクトに創造性や新奇性をもたらすことは難しいでしょう。

　プロジェクトによって最終的に提供する価値は、モノとしての商品なのか施設なのか、あるいはサービスなのか、はたまたそんなカテゴリーに収まらない新規事業なのか。その目的によって当然、必要なクリエイティブは異なってきます。しかし、どんな場

合でも、依頼すべき内容を探し出す上で、共通して注意すべきポイントがあります。僕なりにそれを３つに整理しました。

① インハウスの領域も対象にする
② 見えないもの・測れないものも対象にする
③ 経験のない業務も対象にする

　新しい事業では、探しもの自体が分からなくなることもしばしば。暗中模索から抜け出すには、まずはセンサーの感度を上げなければいけません。
　必要としているクリエイティブは、当然、組織内ではつくれないもの。今までやったことのない、創造性にあふれているはずです。それが何かを見つけるためには、現状に対し正直に向き合う勇気が要ります。少し不安があったとしても、あなたの所属している組織では「できないこと」に正面から向き合ってみましょう。
　この段階の作業には、たくさんの可能性が潜んでいます。自分たちの苦手とする部分を洗い出し、そこをうまく補ってくれるクリエイターに依頼できれば、まったく違う成果が待ち受けているのですから。

① インハウスの領域も対象にする

　ここで強調しておきたいのは、「頼むべきこと」を見つけるためには、それ相応のストレスあるいは痛みが伴う場合もあるということです。

「その部分は社内に担当部署がありますので」

　例えば、インハウス（社内）の担当者がいる場合。その彼や彼女に気遣って、外部に依頼する対象からインハウスにもっている領域を除外するのは果たして正しいことでしょうか？　インハウスが担っているからこそ、新奇性を生み出しにくい可能性もあるわけです。

　もちろん、インハウスを完全に排除すべきなんて言うつもりはありません。ただ、ブリッジングプロジェクトではインハウスの担当者と外部のクリエイターとがコラボレーションとすることで、新しい価値を生み出せるのではないか。そんな視点を忘れないでほしいのです。

　ブレイクスルーを目指すプロジェクトであるなら必ず何かを「ブレイク」する、打ち壊すことになります。組織だけによる旧来のやり方のどこに打ち壊すべき部分があるのかを、フラットな視点で徹底的に見直してみてください。

　やりやすい、意思疎通の負担がない、仕上がりが予想できる……その安心感を得るために、何かのチャンスを逃していないのか。「頼むことを探す」という作業は、無意識の下に隠れていた「寄りかかり」の存在をあぶり出します。過去の関係に頼ることがすべて悪いわけではありませんが、もしもインハウスにもっている領域を依頼の対象から外そうという議論がある場合、それで本当に創造性や新奇性がもたらされるのか、検証を怠らないでください。

② 見えないもの・測れないものも対象にする

「企画？ そんなものにお金を払ったことないですよ！」

　依頼する内容を探す上で、対象によっては外部に頼むという発想がなかったり、その着眼があっても経験則が邪魔し否定されてしまう場合もあります。対象が無形の場合は特に。

　一般的に、データ点数や図面など物質的なモノについては、そのデザインなどを外部に依頼することに抵抗が小さく、物質に置き換わらないアイデアやアドバイスなどについては、対象とされにくい傾向があります。これは、その価値を量として把握できないことが大きな理由になってしまっています。

　飛躍的に発想を広げたり、クリエイターとクリエイターを結び付けて新しいクリエイティブへと展開させる。そういった仕事は、確かに定量的な評価の難しいものです。

　例えば、企画やネーミング、コンセプトを立案するといった仕事の最終成果物は、短いテキストに集約されることがあります。わずか10文字ほどの言葉。その言葉に力があれば、プロジェクトがヴィジョンに向かって走り出します。でも、この価値を理解し換算してお金を払うことに、組織は慣れていないのです。でも、今後のビジネスでは無形の価値こそが重要になってきます。

　こうした物質になりにくいアウトプットを再評価し、依頼する対象として検討してください。もしかしたら、あなたのプロジェクトが一番欲しているのは、その部分かもしれません。

第4章 オーダーをデザインする —— 何を、誰に、どのように依頼するのか？

③ 経験のない業務も対象にする

「競合商品に、言葉で説明できない魅力があるんですよ！」

　あなたが関わっているジャンルのベンチマークがこのように見えるときは、その競合商品を扱っている相手が、ふだんの仕事とは異なる進め方で新たな価値を生み出した可能性があります。

　今までの仕事の進め方を部分最適化しても大きな変化は望めません。既存の業務プロセスを疑う勇気と好奇心を大切にしましょう。商品や事業の価値を飛躍的に向上させる、まったく別の方法があるかもしれません。

　例えば、「CMF」という考え方をご存知でしょうか？　これはカラー、マテリアル、フィニッシュのことで、車からスマートフォンまでさまざまなプロダクトの「表層の価値」を向上させるデザイン手法です。海外では、この領域に特化したクリエイターがとても活躍しています。CMFは、プロダクトデザインにおけるカラーバリエーションや素材感、手触りを新しいステージに引き上げます。誰も質感の悪いiPhoneなんて想像できませんよね。一方で日本製の家電に、モノの質感レベルでユーザーを魅了するものが少ないとは思いませんか？

　このような、今までの仕事の進め方にはない、新しい価値創造のプロセスを見つけ出すこと。そこにはまさに、外部のクリエイターに依頼すべき内容が含まれているはずです。

経験のない業務も対象に

第4章 オーダーをデザインする —— 何を、誰に、どのように依頼するのか？

● 異なるジャンルの成功から探る

　外部に依頼すべきクリエイティブを整理していくために、「インハウスの領域」も「見えないもの・測れないもの」も「経験のない業務」も対象にしていく。その心構えができたら、うまく行っている既存の事例を読み解いていくと効率がよいかもしれません。

　成功事例から探る段階では、どんどんほかの人の意見も聞いていきます。幸運にも「うまく行っている」事例の当事者にヒアリングできるなら早速アポイントメントを取りましょう。

　それらの調査した内容と自らのプロジェクトを照らし合わせ、その差分から自分たちに足りていないクリエイティブをあぶり出せるはずです。

　ポイントは、あなたのプロジェクトのジャンル（製品、空間、サービスなど）にとらわれず、異なるジャンルの成功事例を探ること。とにかく、あなたが「うまく行っている」と感じ、気になった事例からヒントを探りましょう。同じジャンルの先行事例からクリエイティブのヒントを見つけ出そうとしても、競合相手は既にその部分に磨きをかけ終わっているかもしれません。それでは、単なる差別化にとどまってしまい、大きな飛躍は望めないでしょう。

　全く異なるジャンルであっても、その事例がどのようにクリエイティブを活用したのか。それが見つかれば、きっとあなたのプロジェクトに「何が必要なのか」はっきりしてきます。

4-2　イニシャルか、ランニングか

　もう一つ重要なことは、あなたのプロジェクトが必要としているクリエイターは、「イニシャルのパートナー」なのか、それとも「ランニングのパートナー」なのかということです。

　イニシャルとは、プロダクトや建築物の設計・デザインなど、初期段階で役割が完了するクリエイティブのこと。これまでは断然、こちらのクリエイターが脚光を浴びてきました。対してランニングのパートナーとは、事業が運営段階に入ったあとの運営企画やブランディングなど事業を共に展開してくれる存在です。

　才能あるクリエイターにイニシャルとランニングを一気通貫して関わってもらうことで、守るべきものを見失わずに済みます。例えば、飲食店の立ち上げから運営までサポートしてくれる食のジャンルのクリエイター。彼らがコミットすれば、「原価率や利益率を考慮したメニューを考案してもらえる」といったメリットだけでなく、開業後にもパートナーシップがあることで当初のメニューのコンセプトを崩すことなく、顧客のニーズに対応した新しい価値を共につくり出すことができます。

　イニシャルの領域と思われていたクリエイターも、長期的にプロジェクトに関わる事例が増えてきました。一つの商品で終わらせず、数年間かけて統一感のあるプロダクト群をつくるケースや、単独の建物で終わらせず、段階的に建物群をつくるケースなどがこれにあたります。

　プロジェクトのどのフェーズに、クリエイターに参画してもらう必要があるのか慎重かつ大胆に検討してください。

BRIDGING PROJECT_CASE 11

cotocoto（コトコト）

奈良市立中央図書館が内包された奈良市ならまちセンターの一階に、市民や観光客の集うカフェを導入するプロジェクト。トーン＆マターで開発したネーミングcotocotoには、古都奈良と中心メニューのスープからの連想に加え、様々な街づくりに寄与する出来事を起こしていきたいとの思いを込めた。構想段階から運営者をチームに招き入れ、どのような施設が利用者にとって望ましいか企画検討を進めた。

—
総合プロデュース：株式会社枻出版社
空間デザイン：株式会社トラフ建築設計事務所
グラフィックデザイン：TAKAIYAMA inc.
運営企画：株式会社粟

4-3 どの「範囲」を頼むのか

　どの領域のどんなクリエイティブが必要か分かってきたら、クリエイターに依頼する範囲を整理します。依頼する範囲については、一つは業務内容での範囲、もう一つは時間軸での範囲で切り分けることができます。

① 業務内容のうち、どの範囲か

　依頼する業務範囲によってプロジェクト全体にどのような効果があるのか考えていきます。その際、範囲の設定は以下の3つの線引きを意識して進める必要があります。

・組織とクリエイターの線引き

　どの部分は自分たちで手を動かし、どの部分は外部のクリエイターに委ねるのか。これを見極め、依頼する範囲、および要求するアウトプットを、まず明確にします。クリエイターの側は、依頼時の範囲の設定を前提に自らの仕事を組み立てていくしかないので、これには精度が求められます。

　よく混乱を引き起こすのが、「何を」「どこまで」やるかが明確にされていない依頼です。どこからどこまでを任されているのかが判然としないと、受けた側も力を発揮できません。組織側が最初に、「自分たちでここまでできる」という線を引く必要があります。ここで、コストの軽減を理由に、できもしないことを「できる」と区分しないよう注意してください。

互いの責任を明確に

また、組織内で担当する範囲とクリエイターに依頼する範囲の間に、業務の抜けや漏れ穴がないかのチェックも忘れずに。プロジェクトが進んでから、「これは誰がやるんだ？」と右往左往する状況は避けたいところです。

・プロセスでの線引き

　長期にわたるプロジェクトや、業務が積み上がっていくタイプのプロジェクトの場合は、個々のプロセスに対してどのように関与するのか、アウトプットはどのようなものになるのか、はっきりさせる必要があります。前後のプロセスとの連携を図り、プロジェクトを円滑に進めるための必須の条件になります。

　例えば、建築設計業務では一般的に、基本計画→基本設計→実施設計→見積もり→工事発注→設計監理という業務の流れになります。これら一連のプロセスをまるごとクリエイターに依頼する場合は、法規や慣習と照らし合わせアウトプットの仕様や要件を明確にする。そうすれば責任の範囲もクリアにできます。一方で、基本計画や基本設計などプロセスの一部を依頼する際には、クリエイティブが、その後に控えているコストに及ぼす影響を考慮しなければいけません。最終的な工事費の目標値を共有するほか、見積もり精査の段階で改めて参画してもらうなどの工夫で、設計によるコストの膨張を抑えることができます。

　コストなどを理由に、あとのプロセスで勝手につくり方や仕様を変えるとクリエイターの意図には沿わないものになってしまいます。また、あまりにも事業性を欠いたデザインやアイデアを提案してもらっても、推進できない事態に陥ります。そうした事態

を避けるためにも、全体の見通しを立てながら依頼する業務範囲を設定する必要があるのです。

・予算での線引き

　当然、業務範囲の設定は予算に影響を及ぼします。組織内で進めている作業を重複して外部に依頼すると、無駄に予算を浪費しかねません。また、よいクリエイターが見つかっても、お金の問題で堂々めぐりをして具現化できなくなってはもったいない。クリエイターに依頼する業務範囲の設定と、支払う対価が合致しているか、両者で確認しましょう。

「ここまでをざっくりと進めていただければ、あとはこちらで仕上げますから」

　業務の負担を下げる意図で、ついやってしまう頼み方。クリエイターとしてはフィニッシュがイメージできないことになり、中途半端なアウトプットになってしまうおそれがあります。

　以上のように依頼する範囲の設定は、単に業務量やフィーの額を査定するためのものではなく、プロジェクトにおけるクリエイティビティの生かし方を左右するのです。
　プロジェクト全体を見渡して用意周到に詳細まで練らなければならず、重い責任を伴います。でも、それを辛いことだと考える必要はない。クリエイターとのコラボレーションの初めの一歩なのですから。

② 時間軸のうち、どの範囲か

　業務内容の範囲よりも従来のやり方を見直す必要があるのが、時間軸での範囲の設定です。

　外部のクリエイターに声をかける前に、プロジェクトの進め方や最低限の条件を整理するのは当然のことです。でも、あまりに多くの時間をそこに割くと、時すでに遅しということもあり得ます。何もかもが決まってから一部の業務を依頼するだけでは、クリエイティブの効用が部分的にしかなりません。

　依頼する業務範囲の設定と同時に、必ずプロジェクト全体を時間軸に沿って見渡してください。プロジェクトとは、ある成果を生み出し、その上に次の成果を積み上げていくものです。次のステップ、その次のステップという進行のなかで、どんなクリエイティブが必要なのかを考えていきます。

　このとき、クリエイターの専門分野にフォーカスしすぎると効果が出ないことがあります。例えば、飲食の新業態開発のプロジェクトで、料理人にメニュー開発を依頼したとしましょう。どこに出店するのか、内装デザインはどうするのか。相手は料理のプロなのだからと思って、メニュー開発の段階から依頼するのでは、ポテンシャルを最大限に生かせていないかもしれません。料理人の才能を存分に発揮してもらうために、立地や建築、内装などを検討する段階からプロジェクトに参画してもらうほうがよい場合も多いのです。

　依頼内容を整理しつつ、その時点での進捗状況をできるだけ早い段階でクリエイターと共有し、プロジェクトにどのような形で

参画してもらうかを相談しましょう。早ければ早いほどプロジェクトのコアとなる部分を共有できるだけでなく、相手の置かれている状況やスキルに従い、依頼しようと想定していた業務の範囲を調整できます。特に運営には、イニシャルに関わる初動期からコラボレーションを開始するほど効果があるはずです。

プロジェクトの方向性に関する課題もクリエイターに早期に関わってもらうことで解決する場合があります。プロならば、市場から次に必要とされるものを感覚でつかんでいるはず。その意見を参考に、裏付けを取っていけば負担が減るかもしれません。

このように、時間の共有が大きな意味をもつのがブリッジングプロジェクトの特徴です。時間軸を考慮したオーダーのデザインがうまく行けば、ヴィジョンやミッションに対するクリエイターと責任感を共有できます。ゴールに向けて、共にプロジェクトを育てるための大切な要件です。

依頼の内容や範囲を決めるやり方を整理してきましたが、ここに挙げている以外にも、状況に応じてやれることはたくさんあると思います。大切なのはブリッジングプロジェクトとしての効果を肝に銘じ、ゼロベースで正直に取り組んでいくことです。

早め早めが可能性を上げる

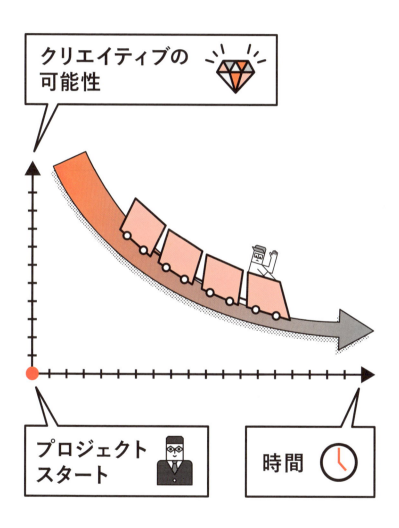

4-4　誰に頼むのか

　現状の組織に欠けているクリエイティブを見極め、依頼する業務範囲を決めたら、クリエイターに実際に声をかける段階に進みます。「誰に頼むか」が差し当たっての課題です。

① パートナーの探し方

　付き合い始めると分かるのですが、クリエイターには仕事の進め方にそれぞれ個性があります。大別すると、ピッチャータイプ、キャッチャータイプがあるように思います。
　ピッチャータイプは、自らの創造性を原動力にガンガンと球を投げ込んでくれるクリエイター。キャッチャータイプは、依頼主と対話を重ね何が必要なのか共に探ってくれるクリエイター。どちらがよいというわけではなく、特にプロジェクトのリーダーとの相性や、組織内のチームに対する作用をイメージし、どちらのタイプが望ましいかを想定しておきましょう。

　さて、頼むべきクリエイターのイメージが、おぼろげにでも浮かんできましたか？　それでは実際に、声をかける相手を探し始めましょう。クリエイターを探すための手段を、いくつか例として挙げてみます。

・専門誌やクリエイターファイルなどのメディアから探し出す

　これは効率的な方法です。どんな人たちがどんなジャンルで、どんなアウトプットをしているのかをざっと見る。勘を養うにはうってつけです。メディアに紹介されている情報から、そのクリエイターが参画してくれたらどうなるかをイメージしながら目星をつけていく。ただし、そのなかだけからぴったりの人が見つかるとは思わないでください。方法を限定せずに探し続けることが大切です。

・ビジネスの成功事例、ヒット作から探し出す

　前に書いたように、大切なのはジャンルを問わず多様な成功事例に目を向けること。意外と、畑違いと思われる事例を成功に導いたクリエイターがベストの人選である可能性もあります。

　成功事例に関わっているクリエイターの名前を挙げれば、組織内での説明がしやすくなる。それは分かるのですが、注意も必要です。特に同じジャンルの成功事例から探すと、少しパターンを変えただけの二番煎じになりかねません。ブリッジングプロジェクトの肝である新奇性の高さという点で、効果が薄くなりがちです。

・複数候補へのヒアリングから探し出す

　すぐにこれだという人が見つかればよいのですが、なかなかそうも行かないと思います。ツテをたどるなどして、よさそうな人がいると聞いたら順に会っていくのも真っ当な方法です。複数の人に実際に会っていけば、労力はかかるものの、あなた自身の判断基準は明確になっていくはずです。

その際に、クリエイターに対しては事前に、選定のためのヒアリングであり、ほかにも候補のいる点はしっかりと伝えましょう。意外と狭い世界でクリエイター同士はつながっていますから、誠意をもってコミュニケーションしなければ、話を聞いてくれる相手がいなくなってしまいます。

・著名なクリエイターから探し出す
　誰に依頼するかの検討段階で、著名なクリエイターの名前が挙がることがよくあります。著名であるということは、かなりの確率で力のある人です。
　一方、当たり前なのですが、著名であっても得意不得意があります。彼や彼女のもたらすクリエイティブが、あなたのプロジェクトが必要とする創造性や新奇性とマッチしているかの検討を怠ってはいけません。著名なクリエイターであっても、すべてを成功させているわけではないことは理解しておきましょう。
　また、著名であることと時間の自由度があることは、両立が難しいのも事実。もしも白羽の矢を立てたなら、時間を無駄にせず、短時間で最大のパフォーマンスを発揮してもらうための工夫が必要です。

・コンペで探し出す
　複数の候補に提案を競わせ、そのアウトプットの優劣によって依頼する相手を選ぶのがコンペです。選ぶ段階の効率を高めるには確かに、よい方法です。しかし、いざ実施するとなると覚悟が必要。そもそも組織の側には足りなかったかもしれない審美眼を

求められる場合もあります。

　コンペによって選ぶなら、ほかの方法以上に、クリエイターのモチベーションを理解してオーダーをデザインしなければいけません。

「何となくでいいので、ラフなアイデアをいただけませんか？」
「何がいいかよく分からないので、まずはいくつか出てきたものから選びたい」

　こんな発想ではクリエイターとの仕事とは到底うまく行きません。ちなみに僕は、民間からのコンペのお誘いの大半は、お断りしています。公共の発注者がコンペを実施しなければならない事情は分かります。しかし、民間だったら、コラボレーションのパートナーを名指しで決める覚悟がないとうまく進みにくい。そう実感しているからです。

　あなたのプロジェクトの枠組みがすでにしっかりと固まっている状況なら、コンペはよい方法だと思います。でも、プロジェクトそのものを一緒にハンドリングし、目標に向かって未知の大海原を渡るチームを組みたいのなら、コンペが最適とは思いません。単なる受発注の間柄を超える関係を築きたいのであれば、なおさらです。

　はっきり言います。ブリッジングプロジェクトでは、この人ならと信じることのできる相手を見つけ、熱い気持ちを失わず正面から口説きましょう。そうやって自ら選んだクリエイターと関係を築いていくほうが得るものが多いはずです。

② 依頼先の確定に向けて

　成功事例、メディアなど多様なチャンネルで暗中模索を進めていくと、徐々にクリエイターと呼ばれる人に共感するようになります。やがて、そのなかでも特に気になる相手が出てくるはず。表面的な実績にとどまらず、そのアウトプットに潜むアイデアや思考が、あなたにも見え始めているのかもしれません。

　「いいね」「かっこいいね」といった直感を入り口に、「この人でなければ！」という個性や考え方を探り出す。依頼する相手を選ぶ段階から、そうやってクリエイティブの根源にたどり着こうとする努力が大切です。

「クリエイターって……こっちの話を聞いてくれなさそう」

　これもまさに「クリエイター怖いあるある」ですが、まったく的外れな依頼をしない限り、そんなことは起こり得ません。これまでになかった新しいプロジェクトの魅力を素直に熱く語れば、そして、あなたが真剣であれば、共感してくれるはず。

　それから、案外忘れられがちなことですが、多くのクリエイターは大なり小なりの組織に所属した経験があります。そして、ほとんどのクリエイターは組織からの発注を受けて仕事をしています。組織内で新しいことに取り組むのがいかに難しいかは実感として分かっているのです。だから、相手に熱意があれば協力したいと思うもの。一方で、とりあえず挨拶だけ、様子を見るだけというスタンスでアプローチするのは問題です。前にも書きまし

たが、時間は誰にとっても大切な資源です。特に組織に属さないクリエイターにとっては。

　声をかける際には、最低限の準備はしておかないといけません。当然、必要とするクリエイティブと、依頼する業務範囲までは想定した上で、コミュニケーションを始めましょう。ここでクリエイターから興味をもってもらえる情報を提供できるか否かが、その後の関係に大きく作用します。特に第2章で説明したヴィジョンとミッションを明示できるよう準備することが大切になります。完成形でなくてもいい。でも、組織内のチームで練り上げた確固たる意志を示せるものが必要です。

　また、自分たちの組織が必要とするクリエイティブと、目の前にいるクリエイターとのマッチングを、あなたなりに説明できることも重要です。

「なぜ、僕なんでしょうか？」

　そう聞かれて答えられないのはまずいですよね。

　また、クリエイターとの交渉では、想定していなかった返事が戻ってくることがしばしばあります。例えば、依頼した業務範囲のすべては受けてもらえず、「ここだけやります」という部分的なOKの返事が来るかもしれません。

「ここをもう少しこういうふうに膨らませたい」
「全然違う××を、むしろ今回はやってみたい」

　あるいは想定した範囲をはみ出すような、こういった返答があるかもしれません。

　面食らってしまい、「クリエイター怖い」につながりがちですが、きっと熱意をもって打ち返してくれている証拠なのです。つまりクリエイターの側は、もち込まれた依頼に対し、自らの適性とすり合わせつつ、組織の側が設定した業務範囲をリデザインしてくれているわけです。

　こういう反応は、あうんの呼吸があるインハウスからはなかなかやってきません。中途半端な共通言語はなくて構わない。そのほうがかえって、設定したヴィジョンやミッションとプロジェクトの現状との間にあるギャップを照らし出し、ブラッシュアップするきっかけとなるのです。

BRIDGING PROJECT_CASE 12

三姉妹の部屋

大規模商業施設のエスカレーター脇の休憩所に魅力を与えるプロジェクト。クライアントからの1~3階のそれぞれに異なるデザイナーをアサインしてほしいという依頼に対して、建築家・グラフィックデザイナー・スタイリストの3者混合のチームを編成し、3層に渡ってトータルにデザインを提案。ドールハウスのように断面が切られた3階建ての一軒家とそこに住む姉妹をモチーフに、施設を演出する共用部をつくった。

—
空間デザイン：株式会社POINT
グラフィックデザイン：TAKAIYAMA inc.
インテリアコーディネーション：インターウォリア

4-5　どのように頼むのか

　ブリッジングプロジェクトでは、組織内と外部、その両方に可能性とチャンスをつくることが大切です。契約やフィーはもちろん、それ以外の部分でも新しい挑戦になったり事業領域を広げる機会を生んだり、可能性が広がるプロジェクトになるよう、お互いにリスペクトできる関係を築きましょう。「依頼する側」と「依頼される側」という関係を超えたチームは、予想以上の成果を生み出します。

　余談ですが、リスペクトが重要だからといってクリエイターを「先生」と呼ぶことには僕は疑問があります。個人的には子どもの可能性を預かる教師や、患者さんの命を預かる医師が「先生」なのだと思います。お互いに役割を押し付け合うのではなく、フラットな関係で物事を進めていく。ブリッジングプロジェクトでは、表面的なリスペクトではなく、両者の強い参画意識が必要なのです。

　そのために、依頼時に何ができるのか。端的に言えばクリエイターのモチベーションを上げるためには、どのように頼むべきなのでしょうか。

　お金だけではない関係をクリエイターと築けると、プロジェクトに本質的な新しい価値をもたらしてくれる可能性が高まります。フェアな関係をつくりながら、才能を発揮してもらう必要がある。その方法をモチベーションとインセンティブの2つの視点で考えていきます。

① モチベーションの視点

　クリエイティブを仕事とする人の多くが、自らの創造性が刺激されることを喜びとしています。自身の成長を見込める未知の挑戦には、誰だってスリルと興奮を感じるもの。

　挑戦しがいのある内容であることが大前提となるのですが、クリエイターのモチベーションとなるような依頼の条件には、ほかにどんなものがあるのでしょうか。

・クリエイターの次の挑戦として

　挑戦は歓迎といっても、そのプロジェクト単体で評価しているわけではないはずです。これまでに積み重ねた実績を広げていく道筋が見えるかどうか。ほとんどのクリエイターは、これにはとても意識的です。

　メディアでクリエイターの発言などを追ってみると、「これから○○に挑戦していきたい！」といった抱負を語っていることがよくあります。今までの経験をもとにデザインしてみたいプロダクトや施設の種類、開発に関わりたい業態など。同じ仕事の繰り返しではどうしてもスキルアップにつながりにくいので、未体験の領域のプロジェクトであれば、そのこと自体がモチベーションとなることも多いのです。

　もしも彼や彼女の関心があなたのプロジェクトと重なっているなら、依頼に対してきっと前向きに対応してくれるはずです。クリエイターからしてみたら、舞い込んできたチャンス。そんなふうに相手の心を引き付けるには、そもそも自分たちのプロジェ

トにはどんな挑戦があるのか改めて確認しておいたほうがよいはずです。

・クリエイター間のコラボレーションとして

　クリエイターの創造性の源泉たる好奇心。それを満たすのは、必ずしもクリエイター自身の頭のなかのアイデアや、自身の手によるアウトプットだけではありません。例えば、他者とのコラボレーションがその一つです。クリエイターというのは常日頃、外からの異なる視点を取り入れ、自分の仕事のフレームワークを壊したり再構築したりすることを潜在的に望んでいる人たちです。クリエイターに限らず、仕事に前向きな人であれば多かれ少なかれもっている特徴かもしれません。

　そうしたモチベーションを刺激する依頼の方法としては、==複数のクリエイターのコラボレーションをブリッジングプロジェクトでお膳立てすることが効果的==です。同じジャンルのクリエイター間のコラボレーション、全く異なるジャンルのクリエイター間のコラボレーションなど、調整には一苦労ありますが、うまくするとプロジェクトに関わる全員の知的好奇心が刺激されるはずです。

・ソーシャルな活動として

　クリエイターは実社会から遊離した人たちではなく、僕が知る限り、社会がよりよくなるために役立とうとしている人たちです。その表現や社会を見るレンズが個性的なだけで、社会への思いはよりダイレクトで鮮明。あなたの==プロジェクトに社会的な意義があるなら、クリエイターは強く引き付けられる==でしょう。あ

クリエイターのモチベーション

CHALLENGE
チャレンジ

COLLABORATION
コラボレーション

SOCIAL
社会的意義

るいは、プロジェクトの本質的な価値そのものが社会的な意義を持てるよう、クリエイターと一緒に精錬するのでもよい。それがブリッジングプロジェクトの可能性の一つなのです。

② インセンティブの視点

　クリエイターと共に作業するだけでなく、「成果」も共有できるフレームになっていると、クリエイターのインセンティブになります。僕自身の経験でも、成果の大小に意識的なクリエイターとのコラボレーションは楽しいものです。
　成果を共有する、それはつまり成功と失敗をしっかりと分かち合うということ。そのためには、成果のビジネス的な側面を、しっかりとクリエイターと共有できる「契約」であるべきです。

・事業性に関わる情報の共有

　クリエイティブが効果を発揮すると、売上がどう上がるのか？ 原価に与えるインパクトはどうなのか？ 依頼時には、プロジェクトの収支のどんな側面にどんな効果を期待しているのか、クリエイティブの位置づけを明示することです。これにより、両者の関係が単にクリエイティブを追求するパートナーから、その帰結としてのビジネスを探求するパートナーへと変化するはずです。もしも、依頼するクリエイターが才能は豊かであってもビジネスに対する知識や認識に乏しい場合、最低限の情報共有を試みながら、プロジェクトに意識的になってもらうよう働きかけてみてください。

・長期的なブランディングのなかでの共有

　ビジネスにクリエイターの参画を促そうとするとき、有効となるのは情報共有だけではありません。

　例えば、チームで推進している事業を、ブランドとして育てていくやり方があります。前に書いたイニシャルのパートナー、ランニングのパートナーどちらであっても、一般的なプロジェクトよりも長く付き合い、チーム体制で活動していることを、広く告知していくのです。

　そうすれば、まずクリエイターの責任感が高まるはずです。さらに、一定期間の市場の反応を見ながら、クリエイティブの追加投入や変更など新たな挑戦もできます。ある程度の事業規模に育ち、権利面の整理などが必要になれば、クリエイターも巻き込んだ法人設立といった展開も起こり得ます。いずれもクリエイターのビジネス展開というインセンティブになるのです。

・成果を共有する契約

　権利の話が出たついでに、ここで少し踏み込んで契約のあり方についても新しい取り組みをご紹介します。ビジネスとして成功すればするほど両者がトクをする関係をつくる方法、その模索が始まっています。

　クリエイターのインセンティブを無視し、イヤイヤやってもらった仕事に、高いクオリティが期待できないのは当然です。組織と外部のクリエイターが関係を築く際には、クリエイティブの効果が事業性に表れる可能性にフォーカスし、そのためのインセンティブを契約に反映させましょう。

仕事の依頼を取りまとめて契約する際には、業務委託の形式でクリエイターに依頼するのが一般的だと思います。これは、両者の責任を明示できる最低限の契約として必要なのですが、そこに成果と連動するフィーを組み込む方法もあります。成果の度合いが高まるほど、クリエイティブに対する対価（クリエイターに対するフィー）が高まる仕組み、いわゆる成果報酬型です。

　成果報酬型の契約は、クリエイターによるアウトプットのクオリティの高さが収益性に貢献することの証明にもなります。収益の大きさに連動させて歩合が上がる条件を盛り込むのが、お互いの公平性の担保と、アウトプットのクオリティを上げるために有効なのです。

　成果報酬型の契約は基本的には、ベースのフィーと、収益に連動して変動するフィーの2段階で構成します。例えばプロダクトデザインの場合、売上の数パーセントを成果報酬としてデザイナーに支払う方法もあります。これだけだと大量に売れないと業務量に応じた対価を得られないので、業務の対価との2段階の設定にするわけです。

　ほかにもマンションやオフィスなどの場合に、入居率や売買の成約率と連動させて、空間のデザインを手がけたクリエイターに成果報酬を還元する契約などもあります。

　こうした成果報酬を設定する場合、組織と外部のクリエイターが、どの数値で収益性を共有するのがよいかは事業形態によって異なりますが、一般的には情報として共有しやすい「売上」を採用する場合が多いと思います。パラメーターとして「利益」を用いようとすると、粗利の場合は売上に応じて原価が下がり、変動

してしまいますし、営業利益ではコストの割り付けが複雑になります。そう考えるとやはり、プロジェクトが創出する事業の利益率と照らし合わせ、売上の歩合（パーセント）を数値設定してクリエイターに還元するのが分かりやすいのです。

　想定している収支モデルの構造を大きく歪めるレベルで設定する必要は、当然ありません。クリエイティブが貢献し、売上が向上した利益の余剰部分をインセンティブとしてシェアするイメージです。インセンティブが事業の負担になっては意味がないので、両者のモチベーションが湧くようにフェアな契約関係を目指してください。

・リスクの共有を前提とするオプション

　日本ではまだ少ないのですが、海外では、まずクリエイターの実費については発注者側が負担し、さらにクリエイターに支払う初期フィーの一部を差し引き、プロジェクトへの短期的な投資と見立てた上で、その額に応じたキャピタルゲインを支払うといったような契約もあります。

　これはクリエイターにとっては、アウトプットの一部を投資していることになり、よりプロジェクトに深くコミットできる仕組みで、発注者にとっては初期投資のリスクを抑える効果があります。注意すべき点として契約が複雑になること、クリエイターの経済状況によっては難しいこと、プロジェクト中断の万全の対応など課題もありますが、インセンティブを強化させた契約方式であるだけでなく、両者が共にリスクを負うという新しい仕組みなので今後、日本でも増えていく可能性があります。日本の商慣習

にマッチした導入が進めば、ブリッジングプロジェクトにもメニューやオプションが増えることになります。

　ここまで、クリエイターのモチベーションを上げ、インセンティブを明確にする依頼のやり方について考えてきました。これらは外部のクリエイターに限定したことではなく、誰に対しても、ものごとを頼む際に応用できるはずです。依頼する相手のモチベーションの源泉はどこにあるのか。また、成果を引き出すためにはどのようなインセンティブを働かせるのか。これらの視点でプロジェクトに巻き込むべき人材へのオーダーをデザインしてください。

BRIDGING PROJECT_CASE 13

SHIBUYA CAST.（渋谷キャスト）

©渋谷宮下町リアルティ株式会社

渋谷という地域に根ざし、クリエイターが集積／交錯する施設を目指す。ディベロッパーと大手設計事務所の英断により、複数のクリエイターとのコラボレーションで各所の基本設計に関わるデザインディレクションを進めた。組織とクリエイターのブリッジングを、春蒔プロジェクトとトーン＆マターの2社で手掛けている。

—
事業主：渋谷宮下町リアルティ株式会社
設計：株式会社日本設計
>>> http://shibuyacast.jp/

4-6 依頼におけるプロジェクトデザイナーの役割

　この章で解説した「どのようなクリエイティブが必要なのか？」「それを誰に頼めばよいのか？」「どのような契約にまとめていくべきなのか？」というポイントを取りまとめ、提案やアドバイスを担うクリエイターもいます。肩書は、プロデューサー、クリエイティブディレクターなど様々です。僕らトーン＆マターでもチーム体制構築、キャスティングと呼んでプロジェクトデザインのなかでも、重要な仕事の一つとして提供しています。

　いわゆるものをつくるクリエイターではない僕らがプロジェクトに関わるメリットを簡単に言えば、第三者の目線で客観的にプロジェクト自体をデザインしていく部分にあると思っています。例えば、依頼内容を固める際には、クライアントが想定しているクリエイティブの必要性を精査します。依頼をしてしまったら元には戻れませんので、もしも内容があいまいなら再考する。これは重要なプロセスとなるはずです。

　組織側からクリエイターのキャスティングを求められた際には、事業のコアとなる情報を引き出し、クリエイティブが収益性にどう貢献するかの検討から始めます。イニシャルとランニングのどの業務範囲のクリエイターに依頼すべきか、もしくは両方の領域をまたがってどんなクリエイティブが必要なのかも検討します。そして、それにマッチしたメンバーを提案するわけです。

　トーン＆マターでは、プロジェクトがスタートしたら、組織側もクリエイター側も共に主体的なメンバーとなるよう、両者の関係をデザインする場合もあります。特に、複数のクリエイターを

キャスティングしている際は、クリエイター間のコラボレーションがスムーズに進むよう調整にも関わります。

依頼内容がシンプルで、組織とクリエイターが1対1の関係だったら、たぶんこのような役回りはいらないはずです。両者がしっかりと向き合えば、よい関係がつくれるはずですから。1対1の現場に呼ばれても、それなりに役に立つとは思うけど、できれば割り込みたくないというのが正直なところです。

依頼しようとする内容に未知の要素が多いほど、関わる主体が多くなればなるほど、僕のような組織内と外部をブリッジングし、モチベーションをデザインする「プロジェクトデザイナー」が必要になってくるのだと思います。

BRIDGING PROJECT_CASE 14

ヤフー株式会社 新社屋 役員フロア

社内空間でどのようなコミュニケーションが必要とされているかヒアリングを重ね、個々の役員室の壁を排除し共用部に4役員のデスクをレイアウト。その間を会議室への導線として社員が通り抜けるという斬新なプランになった。また、6つの来客用の個室には、3人の写真家による撮り下ろしの作品を展示している。これは、部屋ごとに五感と第六感をテーマに設定した作品で、ヤフーの提供サービスが身体性とどのように関わっていくのか、示唆に富んだものとなっている。トーン&マターが企画プロデュースを担当した。

—
空間デザイン：合同会社冨川浩史建築設計事務所
アートワーク：阿部了、新津保建秀、鷲尾和彦
サイングラフィック：豊作ブランディング
家具製作：株式会社石巻工房

© Yuri KASHIWAGI

第 5 章

マネーをデザインする
―― お金の稼ぎ方、かけ方

ブリッジングとは、新しいビジネスを切り開く方法です。ビジネスである以上、お金のことも正面から考える。一つはお金の稼ぎ方、もう一つはお金のかけ方。

　外部のクリエイターに参画してもらう意味は、アウトプットのクオリティを上げて収益性を高める、それだけにとどまりません。この章の前半では、ブリッジングプロジェクトならではの、新しい稼ぎ方の可能性を解説します。組織だけではなしえなかった、今までにはない稼ぎ方を模索し業態のあり方にまで踏み込む。そんな「稼ぎ方のデザイン」について考えていきます。
　ブリッジングプロジェクトの効用を予算の枠のなかでどう最大化するのか。また、クリエイティブの費用対効果をどう評価するのか。続く後半では、クリエイターに最大限のパフォーマンスを発揮してもらうための予算編成と、お金の問題でプロジェクトを遅延させないために注意すべき点を明らかにしていきます。

　お金を稼ぐことについては、内部からプレッシャーがかかります。お金をかけることについては内部へはもちろんのこと、外部のクリエイターへも説明責任があるはずです。ブリッジングプロジェクトでは社内で完結する事業以上に、お金への真摯な姿勢が要求されるのです。

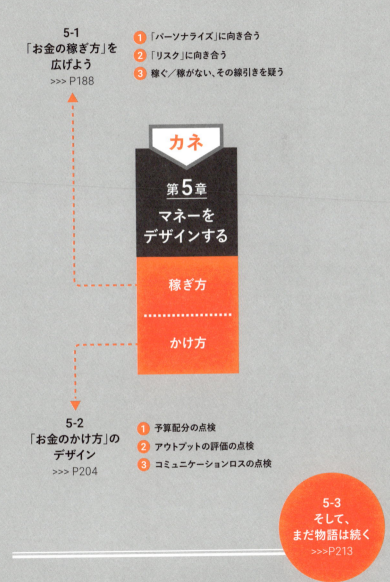

5-1 「お金の稼ぎ方」を広げよう

　稼ぎ方を新たにデザインする――。これは新規事業の創出を担うブリッジングプロジェクトの役割そのものです。稼ぎ方の変革をすべて自分たちの組織内で果たそうとしても、限界がある。外部のプロフェッショナルと共に進めるほうが、効率よくモデルの転換を果たせます。そこでブリッジングプロジェクトならではの、お金の稼ぎ方について考えていきましょう。

　「業態」とは、すなわち稼ぎ方のことです。しかし、今やあらゆる業態が流動的に変転しつつあります。ネットショップに対抗するために体験を絡めた小売業や、大型の家具店にカフェがあるくらいでは誰も驚かないし、IT会社が野球チームや球場そのものをグループ傘下に収めて野球ビジネスを変えようとする、そういった動きがいくつもあります。市場の変化に即応し、自らの組織の稼ぎ方を常にリデザインしていく時代が到来しているのです。
　といっても、異業種に参入する際には、提携やコラボレーションが前提となります。すべて自前で行うには不確定要素が多く、時間もかかり、期待された本業との相乗効果を逃してしまいかねない。一方でM&A（合併・買収）などの大仕掛けは組織間での調整に多大な労力がかかり、機動力が弱まりがち。よほど規模が大きい企業でない限り、費用対効果はあまり望めません。
　創造性にあふれ、競争力のある小さい組織、あるいは個人のクリエイター。彼や彼女こそが、新しい稼ぎ方を模索するためのパートナーにふさわしい可能性があります。

同時に、多彩なジャンルのクリエイターとのコラボレーションの可能性を広げるためには、そもそもの稼ぎ方にメスを入れないと難しいかもしれません。

　クリエイティブを単なる「差別化」の武器にしている限り、競合との消耗戦に終わりはありません。武器のレベルではなく、戦術・戦略のレベルでクリエイティブを活用する。それこそがブリッジングプロジェクトの醍醐味です。ビジネスモデル自体を変えたいなら、闘い方そのものを変えるべきなんです。

　組織に属する人は、「稼ぎ方は上層部が考えるもの」として目をつぶってしまう傾向があります。でも実際に、稼ぎ方まで自らのチームでデザインしていけば、予想以上に新しい仕組みや仕掛けが見えてくるようになります。

　そこにトライする人が少なかったので、難易度の高いものだという思い込みがあるのかもしれません。根拠のない不安を消し去れば、大きく前に動き出すはずです。なんといっても、仕事を今よりも面白くしようという心意気で進めるわけですから。

　構想段階では、制約からいったん自由になるべきです。まずはシンプルな2つのルールに従ってください。

（1）組織内で進めている日常業務から離れること。
（2）組織内の価値基準やルールをあえて忘れてみること。

　日々、多種多様な業種のクライアントと実践しているブリッジングプロジェクトで、僕らは新しい稼ぎ方を一緒に考える機会をもらっています。そんななかから、業種を問わず広く応用できそうな3つの切り口を紹介します。

第5章　マネーをデザインする ── お金の稼ぎ方、かけ方

①「パーソナライズ」に向き合う

　ハードからソフトへの消費の移行。そんなことが言われるようになってからずいんぶんとたちます。例えば、電化製品などのプロダクトの業種では、本体に加えて（もしくはそれは低価格で提供して）メンテナンスや消耗品パーツによって利益率を上げるようなビジネスモデルが広がっています。トナー交換で利益を上げる複合コピー機や、iPhone本体よりもitunesやappstoreでの魅力的なコンテンツで収益性を高めるAppleのモデルは分かりやすい事例です。

　<u>次の展開として考え得るのが、プロダクトやサービスのパーソナライズです。消費者自らが好みに合わせてカスタマイズできるサービスが増えていますが、この動きはいっそう進むでしょう。</u>

　パーソナライズは、そのプロセスの体験自体が"コト"消費となり、より満足度を向上させる特徴をもっています。DIY（Do it Yourself）の楽しみは、完成品のモノを手に入れることよりも、モノづくりそのものにありますよね。

　マニアックな嗜好をもつ人に、ハードのパーソナライズはすでに馴染みのあるものです。ここに来て3Dプリンターやレーザーカッターなどデジタルファブリケーションの技術が革新的に進み、一般に普及する気配があります。ワンオフと呼ばれる世界で一つだけのモノづくりも、低コストで実現できるようになってきました。メニューを好きに組み合わせて旅行の計画を組めるサービスなどネットの発展がサービスやソフトの進化を後押ししています。

ビジネスモデルとしてのパーソナライズの最大の特徴は、ユーザーのクリエイティビティを購買を推進する原動力に利用している点です。

　例えば、ネット上やデバイスのアプリで、Ｔシャツをユーザー自らデザインできるサービスがあります。ここで売買されるモノは１枚のＴシャツに過ぎないのですが、ユーザーは、世界に一つしかないデザインを自らつくる体験と、オンリーワンのＴシャツを手に入れる両面の充足感を消費しているのです。

　今の時代のパーソナライズは、ほかの人がもっていないモノ、そして、そこに潜んでいる物語へのニーズと、小規模でも収益性を成り立たせる技術革新がマッチすることで可能になりました。今後、新しいビジネスのコンセプトとしてますます進化するでしょう。

　一見アマチュアのユーザーに主導権が移ったかのような動きですが、こうした領域でもプロのクリエイターが活躍する機会が増えると僕は思っています。パーソナライズというコンセプトをビジネスとして具現化するには、必ずしもスキルをもつわけではないユーザーの創造性をどう誘発するか、満足度をどう高めるか、その仕組みのデザインを手掛ける人間が必須になるからです。

　ハードで稼ぐのでもない、ソフトで稼ぐのでもない、その間にあるクリエイティブな「体験」から対価を得る。ブリッジングプロジェクトが目指すにふさわしい、「新しい稼ぎ方」がそこにあると思います。

BRIDGING PROJECT_CASE 15

LOFT &Fab

2017/01/14
授業課題の制作に

2017/01/28
名入りコンパクトミラー

2016/12/23
勇気の湧くスリッパ

ニワトリ

2017/01/08
わりの特製ウェルカムボー

2017/01/12
お世話になった教授へ

2017/01/15
お誕生日に

授業課題

2017/01/27
父への誕生日プレゼント

2016/12/20
誕生日プレゼント

2017/01/08
友人のお店へ贈る記念品

愛馬手

2017/01/14

2016/12/24

2016/12/24

商業施設の渋谷ロフトに設置されているデジタル加工工房。対象店舗（渋谷ロフト、無印良品渋谷西武店）で購入した商品をもち込み、オリジナルデザインでカスタマイズできる。商品を加工することで世界に一つのパーソナルなものにできることが好評。許諾を得た上で、加工後の商品の情報を写真と共にWEB上に掲載し、そのアイデアをシェアしている。トーン＆マターが事業の立ち上げをサポートした。

—
事業主：株式会社ロフト
運営：一般社団法人デジタルファブリケーション協会
>>> http://andfab.jp/

ラオス旅

2017/01

②「リスク」に向き合う

　前項のパーソナライズは、組織の外側で起こっていることに目を向けたものです。ここでは逆に、組織の内側に目を向けて新しい稼ぎ方を考えてみましょう。
　まず、あなたのいる組織に当然のものとして染み付いている稼ぎ方を疑ってみることから始めましょう。特にその組み合わせ方にヒントがあるかもしれません。
　その業態は、何で稼いでいるのか。たいていは、いくつかの要素に分けることができます。例えば、居酒屋ならば、飲み物と食べ物。ディズニーランドならば、入場料と食事代、そしてお土産。これらは当然ながらすべてが同じ利益率なのではなく、その組み合わせの全体で事業性を評価し、ビジネスとして展開するわけです。
　ブリッジングプロジェクトのアウトプットが利益率も高く顧客を魅了する新しい価値を提供できるものであるならば、何の問題もありません。一方で利益率が低い場合でも、ほかの利益率の高い商品やサービスと組み合わせることでプロジェクトを推進できることもあります。組み合わせがうまく行くと全体で圧倒的な差別化を実現します。利益率の低いアウトプットでも、スタート時に全体を引っ張ってくれることもあります。また、それが成長すれば、やがて一つの事業の柱となる可能性だってあります。個々が平均的に稼ぐ必要はない。では、全体で平均値以上になる新しい稼ぎ方とは、どんなカタチなのでしょうか。
　例えば、商業施設のテナント構成を例に取ってみると分かりや

すくなると思います。

　商業施設では一般的に、区画の位置によって若干の調整はあるものの、坪単価などの賃貸借条件は全テナント均一です。そうすると、地域の経済力に見合った平均的なテナントしか集まりません。かつての経済成長期であれば、それで80点以上を狙うことができました。

　けれど、隣の商業施設も、そのまた隣も同じことを考えていたらどうなるか。当然ながら価格競争に陥ります。大半の場合は施設の稼働率が下がり、目論見どおりに家賃を回収するのが難しくなってきます。個別には正しい選択だったのかもしれませんが、全体としては見誤っていたとしか言いようがありません。

　そこで2つの方向を考えてみます。

（1）施設の一部に、小規模ながら確実に人を魅了する個性的なテナントを誘致する。

（2）施設のブランド力を高め得る尖った店舗づくりを外部のクリエイターに業務委託する。

　招くのであれつくるのであれ、ユニークかつクリエイティビティにあふれた店にしたいところです。ブリッジングプロジェクトの出番ですね。

　小さくても尖った店舗の存在は、施設の集客力やブランド力を効果的に高めてくれます。ただし、小さいほど、尖っているほど、そこにはリスクが潜んでいます。

　（1）の場合の課題は、個性の際立ったテナント、つまり業態の特殊性が際立ったテナントは与信力、つまり資金力が小さい場合が多いことです。

ナショナルチェーンのように、大きな資本によってコピー＆ペーストするかのごとく多店舗展開できる業態とは違い、真似のできないクリエイティビティがよりどころとなっているのだから当然です。単独では大きな売上が立ちにくいので、早々に撤退する可能性もあります。そのリスクは、事業者のなかでは相対的に大きな組織である不動産オーナーが取らざるを得ません。
　（2）の業務委託の場合も、不動産オーナーが初期投資を行う場合が多いので、単なる賃貸業と比較するとリスクは大きくなります。その対価として運営内容について発言力を得るので、施設全体にメリットがもたらされるよう委託先である運営会社とコミュニケーションを取りながら、進めていけるのが強みです。

　プロジェクト全体に満遍なく正解を求めるのでなく、ある要素でピンポイントのリスクを取って、プロジェクト全体の収益性を上げる。これはどんな仕事にも置き換えができる、一つのヒントになる方法だと思います。
　尖らせるべき要素は、あなたのプロジェクトのなかにすでに眠っているのかもしれません。まずは、今の状態で稼ぎ方がどのような要素の組み合わせになっているかを確認してください。尖らせるべき要素が見つかったら、個々の収益とリスクのバランスを取りながら全体で最適化されるよう組み替えてみましょう。

「我々は、自前でポートフォリオを組んでリスクとリターンのバランスを取り、稼ぎ方を常に見直している」

そういうご意見もあるでしょう。でも、組織内で完結させずに外部のクリエイティブな才能と手を組み、新たな稼ぎ方を導き出し、そして実践するほうがずっと近道かもしれない。それによってまったく新しいビジネスモデルのアイデアが見つかる可能性もある。事業全体、組織全体を前に進めていくために、クリエイターと共に新しい稼ぎ方を考える。これほど面白いことはないと思うのです。

BRIDGING PROJECT_CASE 16

SodaCCo（ソダッコ）

築44年の6階建てのオフィスビルのリノベーションプロジェクト。1~3階は子ども向けのサービスや商品を取り扱う事業者向けの店舗やショールームオフィスで構成され、4~6階はクリエイター向けシェアオフィスとなっている。トーン&マターが事業企画全般を担当し、空間の使い方や貸し方の仕組みなど、運営体制をクライアントと共に構築した。

—
事業主：株式会社佐藤商会
設計・クリエイティブディレクション：株式会社ブルースタジオ
企画・運営：春蒔プロジェクト株式会社
>>> http://sodacco.jp/

③ 稼ぐ／稼がない、その線引きを疑う

　これまでは稼がないセクターと言われていた「物」や「者」が、市場の新たな鍵になってきています。==企業や行政などの組織は、今までの「稼ぐ／稼がない」の線引きを疑うところから、新しいビジネスモデルの可能性を探るべきです。==

・稼がない「公共」が変わってきた
　従来は「稼がない物」の代表格だったのが、公共施設です。最近、PPP（パブリック・プライベート・パートナーシップ：公民連携）、PFI（プライベイト・ファイナンス・イニシアティブ）など公共と民間をつなぐ事業手法が広がりつつあります。
　PPPを簡単に説明すると、公共施設に民間の稼ぐノウハウを導入して魅力を高め、また無駄を省きつつ、より地域のニーズに応える。もしくは地域の活性化に貢献する公共サービスを目指すというもの。PFIはPPPの一手法で、公共施設の設計・施工から運営までに民間の資金とノウハウが入る形態となります。
　これらの取り組みの主眼は、地域の公共・民間の支出の枠内で最も価値のあるサービスを提供することにあります。コスト圧縮など事業の効率化にばかり注目が集まりがちなのですが、本来の目的は、人口減少下での税収減のインパクトを考慮しつつ、地域産業のエンジンとなる事業を公と民の共同で構築することにあります。
　成長市場と目されるこの領域は、ブリッジングプロジェクトに非常にフィットします。なぜなら、人口減少下で街の将来に活路

を見いだすという改革的な事業を、公共組織と民間組織という二者の論理を融合させずに進めてもうまく行かないからです。==際立った地域のプレイヤー（本書の定義では、それこそがクリエイター）が活躍する事業にできなければ、本来の地域活性化という目的は達成できません。==

　PPPでは、都市部の企業にビジネス手法を丸投げしても、本質的な問題解決にはなりません。地域が望み、地域に合うオリジナルの解決策が必要です。建設事業であるなら、プロデューサー、建築家、運営責任者、そして何よりもそこでキャッシュフローを生み出す地元の中小規模の事業者が連携する。その体制がつくられなければならない。これらは皆、組織（行政組織）の外からブリッジングプロジェクトに参画するクリエイターと言えるのです。

・地域のプレイヤーが台頭してきた

　PPPでも重要となってくるのが、クリエイティビティをどう引き出すか。まちの再生の起点となる公民連携体制が実現したら、そこから地方公共団体が担うべき役割は、様々な地域のプレイヤーたちのコラボレーションを生み出すプラットフォームとなることです。

　民間主導によって地域の活性化を目指すエリアマネジメントでも、今後はクリエイティブの活用を志向すべきです。イベントを打って終わらせる予算消化型のモデルから、稼げる地域プレイヤーを巻き込んで、事業そのものの収益性を上げる。もしくは地域の土地の評価額を上げる。持続可能な事業には具体的な目標が

必要です。

　地域産業といった大きなスケールでなくても、身近な街の公共広場や公共施設内の共用部などが稼ぐ場となっていく流れは止まらないでしょう。公共空間の活用を考えるときに、僕がいつもイメージするのが、「大道芸人が活躍している広場」。その魅力は老若男女、誰にでもイメージできるはずです。

　ここでは広場はパブリック、大道芸人はキャッシュフローを生み出すクリエイターです。このシンプルで誰もが共感できる風景を起点に、新しいビジネスの未来を描けるかもしれないのです。

　誰かが誰かを喜ばせて、その対価がやり取りされる。一つひとつは小さい、それら人を喜ばせる行為の集積が稼ぐ場となっている。そんなアプローチで公共空間が「稼げる場」になったら素晴らしいと思いませんか。

・そして稼がない「者」が稼ぐ時代に

　それでは、稼げないと言われてきた「者」とは誰でしょうか？ そもそも本書の主役たるクリエイターは、そのように見なされがちだったのではないでしょうか。

　デザイナー、建築家などのプロフェッショナルのクリエイターは、いわば受託型、請負型の仕事をしています。依頼を受け、アウトプットを提供し、対価を得る。これが通常の、業務委託契約の下での取り引きです。しかし今後、依頼など受けずとも自らアウトプットを公開し、それが市場で評価されて取り引きされる。そうしたクリエイティブの需要が高くなっていくと思います。

　いずれ、定型的なデザインの多くはAI（人工知能）によるも

のに取って代わられるでしょう。実際に、一昔前までプロの仕事だったはずのものが、スマートフォンのアプリで一般ユーザーによって「デザイン」されるようになっています。

　一方で、人間にしかできないアイデアや表現はより重要度を増していきます。ロボットでは再現しきれない、身体的な豊かな表現をもつクリエイターも、今後の活躍が期待されます。

　芸術、文芸、伝統芸能などのハイカルチャーの担い手は、すでに「稼げない」、もしくはこれから「稼げなくなる」職業の代表格のように言われてきました。希望的な観測も含みますが、今後、クリエイティブをめぐる経済モデルの変化で、彼らのクリエイティビティへのニーズはさらに高まっていくはずです。

　==「稼がない」とされていた者の立場の変化は、クリエイターにとどまりません。例えば、主婦や高齢者は生産しない「消費者」と見なされてきました。でも、超少子高齢化社会においては稼ぐ側に回らなければならない。==

　そのときも、人を喜ばせることは仕事の起点になるのではないでしょうか。街でいちばんのおにぎりは、料理人ではなくおばあちゃんによるものかもしれない。幼なじみのお母さんが読んでくれる絵本のほうが、学習塾のカリキュラムよりも価値をもつ場合もある。

　ワークシェアやボランティアも、いっそう現実味を増していくはずです。今までは経済性を帯びていなかった小さな価値が、一つにまとまれば大きなビジネスの潮流となるかもしれない時代になっているのです。

BRIDGING PROJECT_CASE 17

+B（プラスビー）

横浜スタジアムに設置された「＋B」はオリジナルブランドを中心に、雑貨やアパレル、グッズなどが並ぶライフスタイルショップ。コーヒースタンドを併設し、スタジアムを囲む公共空間である横浜公園に、ベンチを設置しコーヒーを提供している。弊社は業態開発、運営立ち上げに総合的に携わった。

—
事業主：株式会社横浜DeNAベイスターズ
空間デザイン：株式会社オンデザインパートナーズ
グラフィックデザイン：NOSIGNER
運営アドバイス：OBSCURA COFFEE ROASTERS
>>> https://www.baystars.co.jp/plusb/

ここまでに説明した「新しい稼ぎ方」は、ブリッジングによって、さらに新しい価値を世の中にもたらすはずです。市場に散らばった見えない価値と価値をつなぎ合わせるのは、あなたのプロジェクトの、そしてあなた自身の役割なのかもしれません。

5-2 「お金のかけ方」のデザイン

　ブリッジングプロジェクトでは、稼ぎ方だけではなく、お金のかけ方までデザインしなければいけません。効率よく稼ぐためだけでなく、クリエイティブを高めるためのかけ方を志向する必要があるのです。

　そもそも世にある予算のほとんどが、過去の型をコピー＆ペーストしてつくられています。そこに前時代的な要素が色濃く残ってはいないでしょうか。組織内では、スケジュールと予算を守ることが優秀な組織人の証しとされます。もちろんそれ自体は悪いことではないのですが、予算が確定していると必要以上にそれに縛られがちです。でも、本来のプロジェクトの目的であるヴィジョン／ミッションの達成や、コンセプトの具現化を忘れてしまっては意味がありません。

　ここでは、予算配分、クリエイティブを活用する際の費用対効果の感覚値、そして、プロジェクトの時間軸に対応したお金のかけ方について点検していきます。

① 予算配分の点検

　クリエイターと共に新しい価値の創造を目指すブリッジングプロジェクトでは、クリエイターが思う存分活躍できる場を用意しなければなりません。そのためには当然ながら、フィーが発生します。しかし、クリエイターに対するフィーなんて、過去の予算には前例がないという組織が大半のはずです。そうなると、追加

の予算が認められるかどうかの勝負とならざるを得ません。これが外部のクリエイターと手を組む際の第一関門となります。

　ちなみに、僕らトーン＆マターにご依頼をいただく際も、それが最初の課題になることがほとんどです。では、どうやっているのか。僕らは、まずクライアントの組織に対し、一緒に予算からつくるところから始めましょうともちかけます。

　予算づくりのなかで適切にコストを下げる提案を行い、その代わりに僕らの分のフィーを提示する。簡単に行くものではないのですが、僕らが参画して収益性にマイナスが生じるのでは意味がありませんから、間違いのない進め方だと考えています。

　この進め方を応用して、ほかにも解決策があるかもしれません。要は、予算のプラスがあるなら、その分何かをマイナスすればよい。総予算を大きく変動させずに、コスト削減という単純で面倒な課題を乗り越えるしかないのだと思います。

　日本の組織は、「形のある」価値を具現化することに予算を割り当てる傾向が強く、その呪縛から逃れていません。昔ながらのハード至上主義は、過度のこだわりや無用の偏りによってオーバースペックを招く原因となり、結果としてコストが割高になりがちです。裏返すと、ハードに対する予算設定を精査すれば、割と容易にダイエットできる可能性が残っているということです。

「予算が余ったんですが、クリエイターを呼べますかね？」

　これでは順番が逆。予算を編成する早い段階からクリエイター

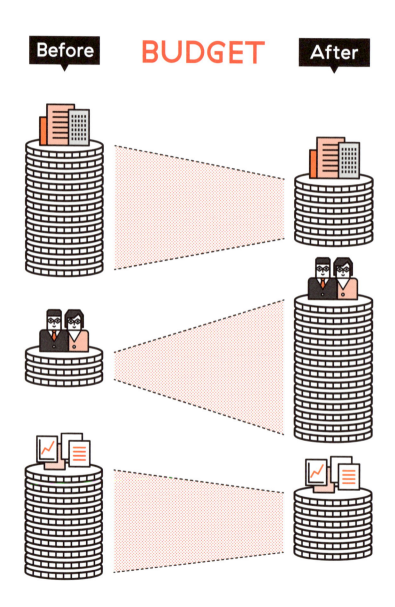

を呼ぶからこそ、適正に予算を配分できるのです。少し具体例を説明します。

　例えば、建築空間の壁面にはさまざまなサインを表示します。その壁面は、コンクリートや木造の躯体工事のあと、さらに下地の工事を行い、石などのパネルを取り付けるか壁紙を貼るか、あるいは塗装など仕上げの工事ででき上がっているのが一般的です。さらに別途、サイン工事の専門会社に依頼し、その建築仕上げを前提に、サインの製作に取りかかります。

　これら多段階の工事の段取りが決まってからサインのデザインをグラフィックデザイナーなどに委ねようとしても、活躍してもらう余地がありません。ソフト部分の予算枠から、そのフィーを捻出しなければならないからです。

　さて、この工事のプロセスに早い段階でスキルのあるデザイナーを呼び込むと、何が起こるのか。サインにとどまらず、全体の工事の内容についても相談に乗ってもらい、無駄な仕上げを減らしたり、余計な仕様を是正したりと、ハード部分のコストダウンも図れるのです。サイングラフィックを生かした魅力的な空間づくりが、コストダウンと共に実現できます。高価な石張りの壁に標準フォントでつくった味気ないサインが掲げられているよりも、風合いのあるペンキで塗り上げた壁にグラフィカルなサインが描かれているほうが、利用者を魅了するはず。僕は、これが正しい予算の使い方だと思っています。

　新しいお金のかけ方を模索する上での、最大の敵は、予算の「早食い」です。パートナーシップ企業などとの既存の関係を優

先し、単純に予算の大きな順から決めてしまえば結果として予算は食い散らかされるだけ。これでは新しいプロジェクトは生まれません。

　==予算配分に強弱を付けながら無駄なコストを見直せば、クリエイターのアイデアやアウトプットを得る対価を捻出できる。==顧客満足にダイレクトにつながり、最終的にビジネスの面で効果を発揮します。

　特にハードの面でオーバースペックに陥っていないか、クリエイティブの面で最高のパフォーマンスを発揮できるかを照らし合わせ、ゼロから予算編成を見直すぐらいの意識で臨んでください。思いもつかなった解答が、きっと見つかるはずです。

② アウトプットの評価の点検

　予算編成時を含め、ブリッジングプロジェクトを進めていくなかでは、クリエイターのアウトプットを評価しなければならない場面が頻繁にあります。

「それがカッコいいのは分かりました。でも、我々もビジネスなので」

　クリエイターのアウトプットを評価するときに、狭い視点のコメントが出てくると、悲しい気持ちになります。一方で、事業性を度外視して作家性や新規性だけを声高に主張するようなアウトプットがあったら、焦る気持ちも分かります。

　僕は、クリエイティブとコストは、一方が上がると他方が上が

クリエイティブの評価軸

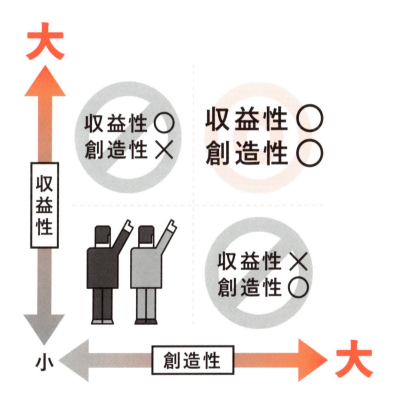

り、一方が下がれば他方も下がるという単純な比例の関係にはないと考えています（もちろん最低限のコストは必要ですが）。クリエイティビティとビジネス、つまり創造性と事業性は、どちらかを取ればどちらかを失うトレードオフの関係ではなく、むしろ相乗効果を生むものなのです。

　組織側の人がクリエイティブを単なるコストとして認識し、ネガティブな判断を下す場面にしばしば遭遇します。プロジェクトを成功に導く可能性を秘めている面白いアイデアがクリエイターからもたらされたならば、まずは素直にその魅力を受け止めたいものです。

　予算の制約で、そのアイデアの具現化が困難な場合でも、すぐには否定しないこと。これは、あなたの立場やクリエイターの立場を重んじて言うわけではありません。そのアイデアの可能性をプロジェクトに生かすべきだからです。アイデアの根幹にある価値を崩さずに、コストを落として具現化できるかどうか、前向きにもう一つの道を探しましょう。

　一方で、クリエイター側とのコスト意識の共有も忘れてはいけません。「予算を大きくしてくれれば、さらにクオリティが上がります」といった提案は、事業の継続性を損ねるという意味で、決してよい結果を生みません。何にどのようにお金をかけると、どのような成果を得られるのかを真摯に議論できる、そんな関係性の構築が肝となります。

　組織内か外部かを問わず全員で目指すべきものは、事業性を向上させる創造性豊かなプロジェクトです。この視点を両者がもた

なければ、真のコラボレーションは期待できません。

③ コミュニケーションロスの点検

　なるべく早い段階でクリエイターに声をかければ、想定以上の成果を期待できます。例えば、ヴィジョン／ミッション／コンセプトを共有するための時間のロスが減り、同時に、よりよくする

関係構築は早めが一番

第5章　マネーをデザインする ── お金の稼ぎ方、かけ方

ための軌道修正の機会も得ることができます。

　また、コストダウンを検討する際には、具体的なキャッシュの支払いに意識が向かいがちです。でも、時間の使い方にこそ大きなコストが潜んでいる。日本人の生産性の低さがよく取り沙汰されますが、実感としてもコミュニケーションに多くの時間を割き、具体的なアウトプットに費やす時間が少なすぎるのではないかと感じます。組織内の根回しや調整に時間を割くよりも、顧客に提供する価値の創造に時間を費やすべきではないでしょうか。

　早い段階からクリエイターとコラボレーションすれば、コミュニケーションのロスを省くだけではなく、個々の作業の無駄を省ける可能性もあります。

　あなたが必死に調べているデータは、クリエイターがすでにもっているかもしれない。特殊領域のプロフェッショナルならではの蓄積や判断が、あなたにとっては骨の折れる下準備を不要にすることもかなり多いでしょう。それが、餅屋の餅屋たるゆえんなのですから。

5-3　そして、まだ物語は続く

　ひとまずのゴールを超えた先にも、プロジェクトは続いていきます。

　商品開発であれば、販売開始が一つの大きなマイルストーン。WEBサービスならローンチ、ホテルなら開業日。そのあとに待ち受けているのは、広報、販促、広告などの具体的なマーケティングです。

　どんなに素晴らしいクリエイションであったとしても、売ってなんぼ。マスメディアの訴求力が低下するなか、マスメディアを経由しない話題性や物語性が重要なファクターとなってきている気がします。その物語の源泉の一つが、クリエイターとのコラボレーションであることに意識的になるべきです。

　僕の経験で言えば、ホテル「CLASKA」では1円も広告宣伝費を使っていません。それでもそこに名を連ねたクリエイターの注目度から、国内外から数え切れないぐらいの取材が入りました。大手広告代理店に算出してもらったメディア露出の価値は、数億円を優に超えていたそうです。メディアへの露出は必ずしも価値を上げるだけでなく下げてしまうことだってあるので注意が必要ですが、コストをかけずに訴求できる選択肢をもてるなら、それに越したことはありません。

　クリエイターが自らのアウトプットとして自負をもち、自慢できるプロジェクトであれば、SNSなどを介してその魅力が自然に広がっていく。ブリッジングプロジェクトでは、メンバーの魅力とその推進過程のストーリーが、アウトプットと並び価値を帯

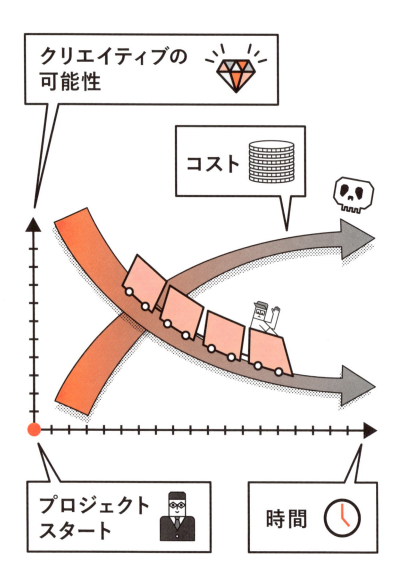

びていきます。今や、場所、モノ、コトのいずれであっても、そのものの価値の奥に潜んでいる物語にこそ、真の価値が見いだされる時代なのです。

　ブリッジングプロジェクトを成功に導いた暁には、組織内外のチームメンバーとあなたの関係の強さが、価値となって市場へと広がっていくはずです。
　一歩、組織内と外部という境界をまたいでみましょう。そこにはたくさんの可能性が潜んでいるはずです。

BRIDGING PROJECT_CASE 18

YCC ヨコハマ創造都市センター

1929年に建設された歴史的建造物「旧第一銀行横浜支店(一部復元)」を用いた施設であり、横浜市が推進する「クリエイティブ・シティ構想(創造都市構想)」の拠点施設である。市が所有する施設に民間のノウハウを導入し、カフェやコワーキングなどのスペースを設けた。デザイン・アートなどのクリエイティブ分野と、産業・経済・地域などを結びつけ、個人から企業、また子どもから年配の方まで、幅広い方々に利用してもらえる事業やプログラムを実施している。著者が運営団体NPOの代表を務める。

—
企画・運営：特定非営利活動法人YCC
\>>> http://yokohamacc.org/

おわりに

　フィレンツェにヴェッキオ橋という橋があります。全長1kmのこの橋は、ローマ時代につくられてから、何度か再築されてきました。橋でありながら時代と共に市場や回廊の機能が追加されていき、今は宝石店街や美術館の要素も併せもち観光名所となっています。

　この本で有用性をお話ししてきた組織とクリエイターの間に架ける「橋」も、必要に応じて変化していくはずです。プロジェクトの成功への近道を選ぶなら、まず組織とクリエイターをつなぐことから。でも、この両サイドの仕事の進め方が変わり、本当にチームとして機能し始めたら、単なるコラボレーションのための橋は要らなくなります。創造性や新奇性の探求のために、そうやって役割を変化させていくのが「ブリッジング」。状況に応じて機能が追加されたり、変化していけばよいと考えています。

　その変化が進むと、両者をつなぐ橋が、もう少し大きな意味をもってくると思うのです、きっと。

　プロジェクトを通じて外部からの刺激を受けること、常識と思い込んでいた幾つかがいつの間にか"非常識"になっていると再

認識すること、そして内部か外部かを問わずに仕事をできる新しい文化が育まれること。ブリッジングが組織へ及ぼす、これらの効果は、個人のレベルにも大きな影響があると思います。一言でいえば「働き方」自体を考え直すきっかけとして。

1人当たりのGDPの頭打ち、就労調査から分かるモチベーションの低下、勤労者の自殺数の増加など、これらはどれも「働き方」に関わりのある厳しい現実のデータです。偉そうに言える立場ではないのですが、日本の組織における仕事のあり方がこのままでよいとは思えません。

ブリッジングは、これらの特効薬にはならないまでも、日々流され見過ごしてしまいがちな働き方の課題を顕在化させる効果はあります。

ブリッジングプロジェクトが成長していくと、「こっち側」と「あっち側」が混じり合い、仕事のあり方が多様なものになっていきます。読者の皆さんがプロジェクトをデザインし推進していくなかで、よりよい働き方を見いだしていただければそれに優る喜びはありません。

何はともあれ、日本の仕事の現場で創造性や新奇性を模索している方々が、初めの一歩を踏み出すために、少しでも役に立つ一冊になればと願っています。

　この本を書き上げるために3年という時間をかけてしまいました。日々「ブリッジングされたプロジェクト」を進めていると、僕自身に、その現場で新たな視点や気付きがある。そうなると、改めて本の全体の構成から再考し書き進める。そんなことの繰り返しでした。本書で「プロジェクトには明確な期限がある」などと言いつつ恥ずかしい。

　この長い時間、辛抱強くお付き合い頂いた日経BP社の山本恵久さん、本当にお世話になりました。また、柳瀬徹さんには、書きたいことの棚卸しと、ループになりがちな僕の文章を整理いただきました。ありがとうございます。また、言いたいことをグラフィックデザインで見える化してもらったTAKAIYAMA Inc.の山野英之さん、いつもありがとうございます。

　プロジェクトデザインという仕事の未来を一緒に考えてくれる崎山桂介さんには、構想段階から適切なアドバイスをもらいまし

た。伊東祥次さんには、いくつかのプロジェクトを通じてプロダクトデザインとビジネスの関係について教えてもらいました。山本曜子さんのチェックがなければ、頭でっかちな本になってしまったと思います。そして、事務所で笑いの絶えない同居メンバーには元気をもらいました。

　皆さまに感謝。

　また、家族の協力がなければ到底完成していません。いつでもどこでも仕事人間で迷惑をかけました。スキー場で原稿を書くようなお父さんを許してください。

　そして、プロジェクトでご一緒している皆さま。

　本来ならばすべての名前を挙げ、お礼をしたいのですが、進行中のプロジェクトで世にリリースできないものも多く、お名前を記すのは控えさせていただきます。

　会社や役所など組織に属していながら面白いプロジェクトへの探究心から、外へとつながっていくオープンマインドな方々。

いつも僕に刺激を与えてくれて、新しい世界を見せてくれるクリエイターの方々。

　この本に詰まっているエッセンスのすべては、僕らのリアルな仕事の現場から生まれたもの。当然のことながら、それらはさまざまなプロジェクトを通して、未知の領域を切り開こうとするチームのメンバーとつくり上げてきたものです。

　過去にプロジェクトをご一緒させていただいた皆さま、現在進行形でチームとして奮闘している皆さまがいなければ、この本を書くことは到底できていません。

　本当にありがとうございます。

　これからも、もっともっと面白いことを、ご一緒に。

広瀬 郁

BRIDGING ブリッジング
創造的チームの仕事術

2017年3月28日 初版第1刷発行

著者
広瀬 郁（トーン&マター）

編集協力
柳瀬 徹

発行人
畠中克弘

発行
日経BP社
発売
日経BPマーケティング
〒108-8646 東京都港区白金1-17-3

デザイン
TAKAIYAMA inc.
DTP
原 理子（Rico Graphic）
印刷・製本
図書印刷株式会社

©Iku Hirose 2017
ISBN978-4-8222-0074-9

本書の無断複写・複製（コピー等）は著作権法上の例外を除き禁じられています。
購入者以外の第三者による電子データ化および電子書籍化は、私的使用を含めて一切認められていません。